JN051609

Dragon English

改訂新版

ドラゴン・イングリッシュ

基本英文100

100 Basic Sentences for Writing

駿台予備学校英語講師
学研プライムゼミ特任講師

竹岡広信

講談社

● 改訂新版　ドラゴン・イングリッシュ基本英文100【目次】

イラスト：三田紀房©Norihusa Mita/Cork　ブックデザイン：竹内雄二

◉ はじめに

本当に100文でいいの？

　英作文の勉強はこの100文を覚えるだけでいいと言うと、きっとこんな反論をする人がいるのではないでしょうか。

「英文をたったの100覚えたぐらいで英作文なんかできるか！」

「そんなものはまやかしだ！」

「マンガの世界を受験に持ち込むな！」

　では逆に聞きます。100文ではダメで、200文や1000文ならいいのでしょうか？

　まず、市販されているさまざまな英文集、もしくは「英作文問題集の付録」としての英文集を検証してみてください。そうした英文集が「英作文のためのもの」だと言い切れるでしょうか？また、それを覚えることによって東京大学入試レベルの英作文を書けるようになるのでしょうか？

　市販されている英文集を分類すると、次のようになります。

1. 日本人の筆者が「自信をもって」書いた英文のため、英文そのものが不自然なもの。もしくは英米人の発想が前面に出すぎていて、日本人にはとうてい書けないもの。

2. 文法・構文を網羅しようとするため、一昔前の「頻出熟語」や「頻出構文」を意識しすぎていて、英作文に必要のないものまで多く含んだもの。

3. 筆者の趣味が色濃く出ており、とりわけ時事的なものを取り

入れることによって「新しさ」を主張するが、実際に使う場面がほとんどないか、あるいは使う必要のないものを多数含んだもの。

　そのような無駄で非効率的な英文集と、この基本英文100は一線を画します。本書は英作文に必要なエッセンスを過不足なく100文に凝縮しているため、これを覚えるだけであらゆる英作文に対応できる基礎がマスターできるようになっています。ですから100文でいいのです。

大学受験はこれでOK！　英作文の基本

　大学側が受験生に要求している「英作文の力」とは、特殊な単語や言い回しを知っていることではなく、伝えるべき内容をなんとか「まともな英語」で伝えられる力なのです。それは東大であろうとどこであろうと変わりはありません。

　いわゆる自由英作文でも、従来の英作文でも、その基本となるのは次の3つの柱です。

1. 時制に関する知識を問うもの
2. 文脈を踏まえた内容が書けるかどうかを問うもの
3. 論理的な文が書けるかどうかを問うもの

　また、この3つのポイントこそ、英語を書く・話す際にもっとも重要となります。これさえきちんとマスターしておけば、たとえ東大の英作文問題でもすらすらと解くことができるようになります。

　そもそも、まともな英文が書けないレベルの日本人の学習者に、「表現の幅」だとか「気の利いた表現」が必要だとは思えません。とにかく、「ある状況に対して最低限ひとつの表現が必ず

できるようにすること」——これが英語上達の基本です。

　本文中のコラム「東大に挑戦！」では、過去の東京大学の良問の中から、今後も使えそうなものを50題精選（一部改題）し掲載しています。楽しみながらやってみてください。

英作文に対する基本姿勢

　では、実際の問題を例に挙げながら、どうやって英作文に取り組めばいいのか見ていきましょう。

●例題 1　次の日本文の意味を英語にせよ。
　海外で日本語を教えていていちばん有り難いのは、学生の素朴な質問に触発されて、日本語や日本人に関して教師のわれわれ自身が思いもかけない発見をすることである。

[大阪大学]

STEP—0　時制に注目し、仮想か現実かを識別する。
　本当はここがもっとも大切なのですが、大阪大学や京都大学では時制で戸惑う問題は少ないようです。言い換えれば、東京大学より簡単と言えるかもしれません。
STEP—1　誰が誰に向かって話しているかを考える。
　誰が？　海外で日本語を教えている人らしい。ただし「われわれ」と書いてあるから、個人の体験を一般化したいらしい。
　誰に？　おそらく、自分たちの経験を他の日本人に伝えたいのでしょう。
STEP—2　何が言いたいのかを考える。
　要するに、「日本語を教えていると、自分たちも学習すること

が多い」ということ。learn を使えばいいですね。

STEP—3 **使える部品を呼び出す。**

使える自信のない表現は一切排除して考えます。どんな英文が使えるか、自信のある表現と基本英文100の中から検索します。

1.「海外で日本語を教えている」teach Japanese abroad

2.「学生が質問をする」our students ask us questions

　※「素朴な」なんて無視するのが無難。また無視しても問題のないレベルの情報。

3.「日本語や日本人について」about the Japanese language and Japanese people

STEP—4 **組み合わせる。**

　　When we teach Japanese abroad, we learn a lot about the Japanese language and Japanese people from questions our students ask us.

【コメント】

「いちばん有り難い」「素朴な質問」「触発されて」「思いもかけない発見」などを何分もかけて考え「英作文」しているうちは、英語は絶対操<ruby>操<rt>あやつ</rt></ruby>れるようになりません。日本人は、そんなことばかりしていたから英語が使えなくなってしまったような気がします。大学受験で問われているのは、「あなたは英語が使えますか？」ということです。「話せる英語なんて安物だ」なんて訳のわからないことを言っている時代ではないのです。

◉例題2　次の日本文の内容を30語以内の英語でまとめよ。

　　子供は好奇心のかたまりだ。それが、多くの動物の場合、成熟すると幼いときほどには好奇心を示さなくなるらしい。ところが、人間は歳を取っても、さまざまなことに興味を持

ち続けることができる。そう考えてみると、人間はいつまでも子供でいられるという特権を享受する幸福な種族であるのかもしれない。　　　　　　　　　　[京都大学・改題]

STEP—0　**時制に注目し、仮想か現実かを識別する。**

何の問題もなし。

STEP—1　**誰が誰に向かって話しているかを考える。**

誰が？　この文脈だけではわかりません。

誰に？　誰に話しているのか不明です。もしかしたら単なる「つぶやき」かもしれません。

STEP—2　**何が言いたいのかを考える。**

要するに、「人間は歳を取っても好奇心を持っているから幸せだ」ということのようです。

STEP—3　**使える部品を呼び出す。**

1.「子供」children ／ young animals

　　※ children は普通「人間」に対して使う。

2.「好奇心のかたまりだ」be interested in anything S find

3.「幸福な種族」be happy

4.「いつまでも子供でいられるという特権を享受する」

　「子供のように好奇心が旺盛でいられる」という意味だと思われますが、あっさりと「好奇心を持ち続ける」で十分。

　continue to be interested in ～

5.「人間は歳を取っても」➡「年齢と無関係に」regardless of age

STEP—4　**組み合わせる。**

　　In my opinion, humans are very happy because unlike other animals, we continue to be interested in anything we find, regardless of age.　[23語]

【コメント】

「好奇心を持ち続けるから幸せだ」ということは、要するに「人間は歳を取っても勉強を続けるから幸せだ」ということかもしれませんね。

「好奇心のかたまり」「好奇心を示さなくなる」「さまざまなことに興味を持ち続ける」「いつまでも子供でいられる」と同じような表現がダラダラと出てきて、最後が「かもしれない」といかにも日本語という感じの文。こんな文を1文ずつ分析して教えるなんて化石のような授業ですね。「とにかく訳す」ではなくて「何を伝えるか」を考えてください。

　●例題3

　　もし、あなたが自宅から電車で片道2時間の距離にある大学に通うことになったとしたら、あなたは自宅から通学しますか、それともアパートなどを借りて一人暮らしをしますか？　いくつかの理由を挙げ、50語程度の英語で答えなさい。

[東京大学]

STEP―0　**時制に注目し、仮想か現実かを識別する。**

「自宅から2時間の距離にある大学に合格する」は、ありそうに思えてもかなりの偶然が必要となる。よって仮想と判断し仮定法。

STEP―1　**誰が誰に向かって話しているかを考える。**

誰が？　学生の「私」。

誰に？　採点官かな？

STEP―2　**何が言いたいのかを考える。**

「自宅通学を是とするか」あるいは「一人暮らしを是とするか」のどちらか。ごくシンプル。

　50語の割り振りは、

　1. どちらの立場かを表明する　　　　　［15語前後］

　2. 根拠を述べる　　　　　　　　　　　［15語前後］

　3. 別の根拠を述べるか、2 を具体化する　［20語前後］

STEP—3　**使える部品を呼び出す。**

　1.「〜の方を選ぶ」

　　I would prefer to（V）

　　※二者のうちの選択だから prefer が適している。

　2.「自宅から通学する」

　　go to college from home

　3.「一人暮らし」

　　live alone, away from home

　4.「一人で家事をする」

　　do the housework by myself

STEP—4　**組み合わせる。**

　　I would prefer to live alone, away from home, if this meant doing the housework all by myself. If I went to college from home and spent two hours on the train, it would be a waste of time. On a crowded train, it would be impossible even to read a book.

［52語］

【コメント】

　簡単そうですが、時制でつまずくと大幅な減点になると思います。あとは非論理的にならないように、知っている表現を駆使すればよいだけです。これからの「英作文」のあるべき姿だと思います。

基本英文100の特色

　英作文の要諦がわかれば、勉強の仕方もおのずとわかってきます。つまり、英作文の３つのポイントをしっかりと押さえ、しかも必要な使える部品（表現）がもれなく入った例文を覚えればいいのです。それがこの基本英文100です。以下が本書の特色です。

1. **時制と論理に重点を置いている。**

　日本語でなら許される「あいまいさ」が、英語では許されないことが多いのです。論理的な思考回路が構築できるように、時制と論理だけで全体の約３分の２を割いています。

2. **１文１文に丁寧な解説をつけているので、丸暗記にはならない。**

　１文につき見開き２ページを使い、詳しい解説をほどこしました。暗記用単文集でここまで解説が詳しいものは他にはない、と自負しています。

3. **日本人が無理なく書ける表現に絞っている。**

　語学で大切なことは「ぱっと口から出てくるかどうか」です。基本英文100も、受験生が覚えやすく、かつ使いやすいことが選定基準となりました。「15分も考えてやっと１文書けました」なんていうことをやっていると、試験で得点できないばかりか、「本当の英語力」も身につきません。

4. **英語として不自然なものは一切排除している。**

　当然のことですが、例文は自然な英語でなければなりません。本書の英文は、教養あるイギリス人とアメリカ人の厳密なチェックを受けています。

5. **耳からの学習も可能なように音声ＣＤをつけている。**

　男性、女性のアメリカ人が自然な速さで読んでいます。耳から

覚えられ、リスニングの練習にも対応しています。各英文は頭出し可能ですが、英文100は99と同じトラックにあります。

基本英文100の使い方は？

100文を暗記するといっても、ただ覚えればいいわけではありません。もちろん、丸暗記するだけでも得点力アップにはなりますが、各例文ごとのポイントを意識しながら、また自分の間違えやすいところに注意しながら、次の要領で学習を進めてみてください。驚くほど英作文に対する視界が開けてくると思います。

1. まず日本語を見て頭の中で英語にしてみる。
↓
2. 英文を見て自分の答えとのズレをチェックする。
↓
3. 解説を読み、英文の構造理解に努める。
↓
4. 未知の単語は必ず辞書で調べ、大きな声で何回も発音してみる。
↓
5. ＣＤを使い、英文をスラスラと音読できるように反復する。
↓
6. 英文を見ずに、日本語だけ見て英文が言えるか確認する。
↓
7. 英文を見ずに、日本語だけ見て英文が書けるか確認する。
　間違えた箇所は、チェックをして次回から特に注意する。
↓
8. 以上の作業を毎日繰り返す。

実際に声を出して読んでみることが肝要です。「音」のない世界で頑張っても効果はあまりないと言ってもいいでしょう。小学校や中学校の校歌をどうして覚えたかを思い出してみてください。

では、皆さんの健闘を祈ります。

改訂新版を出すにあたって

時代に合わなくなった例文を差し換え、もしくは手直ししました。また、不十分な記述、不適切な記述を改めました。It is never too late to mend.「改めるに遅過ぎることはない（諺）」ということです。

皆様のお役に立てることを切に願っております。

◉本書の表記法

- Sは主語。
- Vは動詞の原形、to（V）は to 不定詞、（V）ing は現在分詞あるいは動名詞。
- Oは目的語。
- SVは文・節（主語＋動詞の組み合わせ）。
- ［　　］内の英文は言い換え可能な表現。言い換えの対象を斜字体にて明示。

　［例］Tom *is bound to* [*must*] be working now.
- （　　）内の英文は省略可能。
- 〈　　〉は特に重要な表現。
- 口語体では短縮形を使用しています。

PART—1

時制

「君のことが好きだ」を緊張のあまり間違えて「君のこど好きら」と言っても何とか
通じるだろう。だけど、時制を間違えて「君のことが好きだった」と言えばすべては
終わる。コミュニケーションにおいて「時制」は、失敗が許されない重要なポイント
である。

　まずは、日本語では区別しにくい「現実」か「仮想」かの識別訓練から始めよう。次
に「〜する」という動作動詞の時制を考えてみよう。すべてはそれが出発点となる。

　このような時制を再確認することが、この PART の目標だ。

ウィスキーのボトルを2本も空けて車を運転するのは危険だ。

✔ 現実か仮想か？

英文を書くときには、まず現実か仮想かの識別が大切になります。日本語ではこの識別があいまいですから、英作文では間違えやすいポイントなのです。たとえば、「～は危険だ」＝ It is dangerous to（V）とは限らないということを覚えておいてください。仮定法は、話者・筆者が可能性が低い、あるいはあり得ないと考えた場合に使います。本文の、「ウィスキーのボトルを2本も空けて車を運転する」というのは、常識的に考えて可能性は低いわけですから、仮定法を用いて It would be dangerous to（V）とします。would は will より、could は can より可能性が低いことを表します。ただ、It is dangerous to（V）は「文法的に100％間違い」ということではなく「極めて不自然な英語」ということです。

次の例でも確認してください。

［例］ I am so hungry that I could eat a horse.

「お腹がすいているから馬1頭でも食べられる（だろう）」

どんなに大食漢でも、馬1頭を「完食」することは不可能ですから I can eat a horse. とするのはおかしいのです。

✔ 「ウィスキーのボトルを2本も空けて」は？

「ボトル2本のウィスキーを飲んだ後」とします。

It would be dangerous to drive a car after drinking two bottles of whiskey.

✔「車を運転する」の時制は？

　たとえば「毎日車を運転する」では現在の習慣的行為を表し、「今日は僕が運転するね」では未来の行為を表します。このように、「運転する」は現在も未来も表します。ところが英語の drive という動詞の現在形は、現在の行為を表しますが、未来の行為を表すことはありません。drive のような「〜する」というタイプの動詞の現在形は「現在の習慣的行為」を表すと覚えておきましょう。

　これらの動詞については、覚えるときに walk「歩く」、decide「決める」のような日本語を当てるしかないため、多くの人が英語と日本語の時制のズレに気がつきません。たとえば001の基本英文を It would be dangerous that you drive ... とするのは間違いです。これでは「あなたが習慣的に〜を飲んで車を運転すること」という現在の事実を表してしまいます。

　そこで、ここでは「（これから）〜を飲んで車の運転をするとしたら」という未来の行為を表すために to (V) を用います。さらに形式上の主語の it を用いて、It would be dangerous to drive ... とします。

　なお「犬が好きだ」などの一般論では I like dogs. と無冠詞の複数形を用いますが、本文のようなある1台の車を念頭においた具体的場面の描写では drive a car とするのが適切です。

交通量の多い通りを、信号が青に変わらないうちに横断するのはとても危険です。

016

✔ 「横断する(こと)」の時制は？

　まず「横断する」は、001の「運転する」と同様に未来を表します。ですから to 不定詞で表現します。

✔ 「危険です」は？

「〜を横断すること」は日常よく行われていることと考え、It is dangerous to cross 〜 とします。もし「そんな馬鹿なことをする人はまずいないと思うけれど、もしいたら」という仮定の気分で言うときには It would be dangerous to cross 〜 となります。なお、「計画などがうまくいかないかも」という意味での「危険な」は risky を用います。

✔ 「信号が青」は blue ？

「信号機」は a traffic light あるいは a light です。ここでは、ある通りの信号機という意味で the (traffic) light とします。複数形でも可です。

　日本語では信号は「青」ですが、英語では green を用います。他にも「月」の色は英語では silver で、「太陽」の色は yellow です。「真っ赤に燃えた太陽」なんて英語にするのは困難ですね。

　なお、「色が〜に変わる」は turn を使うのが一般的です。

**It is very dangerous to cross a busy street
before the light turns green.**

✔ **cross か across か？**
「〜を横断する」は cross 〜 ですが、よく前置詞の across「〜を横切って」と混同している人がいますので注意が必要です。

✔ **「〜しないうちに」は？**
〈before S V〉を用います。日本語では「〜しないうちに」と否定文を使うことがありますが、英語では「〜する前に」と常に肯定文を用います。この表現はぜひ覚えてください。

[例] You should not start speaking before you know what you want to say.

「言いたいことがはっきりしないうちは話してはいけません」
「言いたいことがはっきりしない」＝「言いたいことがわかる以前に」と考えれば簡単ですね。

✔ **「交通量の多い通り」は？**
a busy street とします。traffic「人・バイク・車などの流れ」が heavy「重い」とすると、「交通量が多くて渋滞している」という意味になりますので、ここでは適しません。

なお、街の中の「道」は a street、国道などの「道」は a road と覚えておいてください。

早朝、鳥のさえずりを聴きながら散歩するのは本当に気持ちがいい。

✔「散歩する(こと)」の時制は？

001の「運転する」、002の「横断する」と同様に未来を表します。ですから to 不定詞で表現します。「散歩する」は、take a walk あるいは go (out) for a walk を用います。なお「犬を散歩に連れて行く」なら take a dog for a walk あるいは walk a dog とします。

✔「…を聴きながら〜」は？

〈〜 , listening to ...〉を用います。listen to の代わりに hear を使うことはできません。listen to 〜 は「〜に耳を澄ます／〜を聴く」の意味ですが、hear 〜 は「〜が聞こえている」という意味だからです。

[例] I listened, but could not hear anything.

「私は耳を澄ましてみたが何も聞こえなかった」

ですから、〜 , hearing ... とすると「…が聞こえながら〜」となり、変な文になってしまうのです。

また「〜しながら」を with (V)ing としてしまう人がいますが、このような形は使いません。while (V)ing は可です。

[例] ○ I fell asleep (while) watching TV.

　　 × I fell asleep with watching TV.

It is very pleasant to take a walk early in the morning, listening to birds singing.

✔「鳥のさえずりを聴く」は？

〈listen to ＋O＋動詞の原形／（V）ing〉の形式を用いて listen to birds sing ／ singing とします。本文では「鳥が鳴いているのを聴く」と考え singing を用いています。

✔「早朝」は？

early in the morning［*in the early morning*］と言います。early は「ある時間軸の初めの部分」と覚えておいてください。たとえば、early in history「歴史の幕開けの頃」という意味です。

early in the morning の位置は文末でも可です。

✔「本当に気持ちがいい」は？

very［口語では really］pleasant［nice］とします。comfortable は、「（家具、部屋、服などが）快適な」の意味です。

東大に挑戦！

問１：次の文には、文法または語法上の誤りが１ヵ所ある。それを訂正せよ。

「使った掃除機は元の場所に戻しておくこと」

The used vacuum cleaner should be put back where it was.

日本の高校生の中には、大学入試に備えるため塾に通う者もいる。

✔ 「通う」の時制は？

　この「通う」は、未来のことがらでも仮定的なことがらでもなく、「現在の習慣的行為」ですから動詞の現在形で表すことができます。

　「学校に通う」は、もし学生が勉強しに行くという意味なら go to school として冠詞をつけません。これは「大学に通う」go to university の場合も同様です。ただ「（学習）塾／予備校に通う」は、「学校に通う」「大学に通う」ほど熟した表現ではありませんから、cram school を可算名詞と考えて go to a cram school あるいは go to cram schools と言うのが適切です。

　なお cram は「知識を詰め込む」という意味の動詞にも使えます。

✔ 「～な者もいる」は some か some of か？

　some of Japanese high school students としないように注意してください。some of ～、most of ～、many of ～ 、a few of ～ という場合には、～に定冠詞のついた名詞や代名詞、あるいは one's がついた名詞などの特定化された名詞がきます。

[例]　Most of my students are from Kyoto.
　　　「私の教えている生徒の大半は京都出身だ」

Some Japanese high school students go to cram schools to prepare for university entrance exams.

✔「大学入試」は？

「試験」は an exam を用います。「学生が受ける試験」の意味で an examination を使うことはあまりありません。また「〜の試験」と言いたい場合は、〜を exam の前に置くだけで OK です。
[例] take a chemistry exam「化学の試験を受ける」

　大学入試は university entrance exams あるいは college entrance exams のどちらでも OK です。

✔「〜に備える」は？

　prepare の使い方には注意してください。prepare を他動詞として用いる場合には、prepare a report「報告書を準備する」、prepare lunch「昼食を準備する」というように、「準備するもの」が目的語に置かれます。

　ですから「会議の準備をする／パーティーの準備をする／大学入試の準備をする」などのように「〜（のため）の準備をする」という場合には prepare for 〜 とします。

✔「〜ため」は？

　to（V）で十分ですが、「目的」であることを明示するのなら in order to（V）とします。

日本人は、エレベーターや信号を待っているとき、わずか30秒も経たないうちにいらいらし始める。

✔ 「いらいらし始める」の時制は？

　この文は日本人の一般的特性を描写した文ですから「習慣的行為」と考えるのが適切です。よって become *irritated*［*impatient*］とします。become の代わりに get を用いてもかまいません。become と get の違いは、英米の差や個人差があり、なかなか一般論として述べるのは困難です。英語を外国語とする日本人がそれほどこだわる差ではありません。なお、ここでの「日本人」は日本人全員というわけではありませんので、英文では most「たいていの」を補います。

✔ 「30秒も経たないうちに」は？

「今から～経てば」は〈in ＋時間〉を、「今から～以内に」は、〈within ＋時間〉を用います。本文では後者を用いています。

［例］ "How soon will the show start?" "In twenty minutes."

　　　「あとどれくらいでショーは始まりますか？」「20分です」

〈after ＋時間〉は「今からある動作が～続いた後に」という感じの意味になります。たとえば料理番組などで、「このように混ぜたものを蒸し器に入れて、30分経てば…」この「30分経てば」は「30分蒸し器で蒸してその後」の意味ですね。このような場合には after ～ の方が適しています。

When waiting for the elevator to come or the traffic light to change, most Japanese people become irritated within only thirty seconds.

✔「エレベーターや信号を待つ」は？

wait for the elevator「エレベーターを待つ」は、これだけでも通じますが、wait for the traffic light「信号機を待つ」では不十分です。ですから〈wait for 〜 to（V）〉「〜がVするのを待つ」を用いて、「エレベーターが来るのや、信号が変わるのを待つ」と書いた方がよいでしょう。

また、エレベーターや信号機は、この文に登場する日本人の「目の前にあるもの」ですから、場面上常識的に位置関係が特定されるものと考え the をつけることになります。もし a light などとすると、「東京に住んでいるある日本人が、新潟県や北海道やアメリカのとある信号機が青になるのを待つ」という意味合いになってしまいます。

✔「〜時」は？

〈when ／ while ＋（V）ing〉を用います。これは when ／ while they are（V）ing から they are が省略されたと考えます。

なお前置詞の during は during ＋（V）ing という使い方はできないことに注意してください。

列車で隣に座ったおばあさんに、どこまで行くのと尋ねられた。

✔ 「行く」の時制は？

ここでの「行く」は未来のことです。ここまでは大丈夫ですね。

よって考えられる時制は〈will ＋ V〉か〈be going to（V）〉か〈be ＋（V）ing〉です。おおよその違いは次のとおりです。

① will ＋ V　　　　　その場の思いつきによる行動
② be going to（V）　あらかじめ考えている行動
③ be ＋（V）ing　　　予定が確定している行動

この文では列車の中で「どこへ行くの？」と尋ねられていることに注目します。「その場の思いつき」を表す ① will ＋ V は使えません。列車の中で行き先を考える人は少ないでしょう。突然決まった旅行に対して「どこに行く？」と尋ねるなら Where will we go? でもいいのですが、ここではだめです。ですから②か③の形を用います。be going to go という go が連続する形は避けたいので③にします。なお、疑問文でも、文の中の一部として疑問文を書く場合は、疑問形の語順にはしません。

さらに時制の一致によって過去形にします。日本語には「時制の一致」がありませんから注意してください。

✔ 「列車で隣に座ったおばあさん」は？

an elderly woman *sitting next to me* [*who was sitting next to*

An elderly woman sitting next to me on the train asked me where I was going.

me] とします。

「おばあさん」は an old woman とするより an elderly woman とした方が丁寧な言い方になります。この elderly は -ly で終わっていますが形容詞であることに注意してください。

　ここでの「おばあさん」は「老婦人」の意味ですから、親族を表す a grandmother は不可です。

「（私の）隣に」は next to my seat としても間違いではありませんが、next to me がふつうの言い方です。

「列車で」は、ふつう on the train とします。get on the train「列車に乗る」の on the train だと暗記しておいてください（イギリス英語では in the train も可）。なお、この文の「列車」は、「話し手の乗った列車」であることは明らかですので、定冠詞 the をつけます。

✔ **直接話法だと？**

　この英文では間接話法を用いていますが、直接話法（＝実際の発言を " " で示した形）を用いると An elderly woman sitting next to me on the train asked me, "Where are you going?" となります。英語の "〜" は、しばしば特殊な意味を示唆するので、書き言葉では小説や引用を除いて間接話法の方が好まれます。

公共の交通機関では不便だから、レンタカーを借りてその街をあちこち見てまわるのはどうだろう、とサムは言った。

✔ 「〜を借りて…を見てまわるのはどうだろう、と言った」の時制は？

「どうだろう、と言った」は提案ですから suggested（to us）that S V が適切です。suggest を「提案する」の意味で使う場合、後の that 節の中の時制には注意してください。必ず「主語のついた命令文の形」あるいは S should V となります。本文をこの形式を用いて表すと、Sam suggested that we（should）rent 〜 となります。

「〜と言った」は said that 〜、told us that 〜 も可ですが、told that 〜 は不可です。本文では提案をしているので、that 節内を S should V で表します。「提案」「忠告」を述べるときは should が便利です。

✔ 「レンタカーを借りる」は？

「車を（お金を出して）借りる」と考えます。

  ① rent 〜（from 人）　　「（有償で）〜を借りる」
  ② borrow 〜（from 人）　「（無償で）〜を借りる」
    ※持ち運び可能なもののみ
  ③ lend 〜（to 人）　　　「〜を貸す」

ここでは①ですね。031 も参照してください。

Sam suggested that we should rent a car to get around the city because the public transportation was inconvenient.

✔ get around か move around か？
「(街を) 動きまわる」は get around が定型表現です。この around はここでは前置詞ですが、副詞として「あちこち」の意味でも使えます。なお move around と言うと比較的狭い所（家の中など）になってしまいますので注意してください。

「街を見てまわる」は「観光する」see the sights でも可です。

✔ 「公共の交通機関では不便だ」は？
「公共の」は public です。また「交通機関、輸送機関」は、米語では transportation、イギリス英語では transport を用います。なお、「(交通機関が) 不便」は not very good でも OK です。

 **東大に挑戦!**

問2：(b) が (a) の要約になるよう、空所に適語を1語入れよ。

(a) "Really, John," Mary said, "if I were you, I would take the money to the police."

(b) Mary (　　) John to take the money to the police.

【ヒント】〈If I were you, I would V〉は、人にアドバイスをするときの表現です。この問題は「これはどういう意味か？」ではなく「これはどのような状況で用いるのか？」と尋ねた良問です。

結婚するかどうか、子供を産むか産まないかは、各人の自由な判断によるべきだ。

✔ 「結婚する」と「産む」の時制は？

どちらも001の「運転する」と同様に未来のことがらです。「結婚する」は get married ですから「結婚するかどうか」は接続詞の whether を用いて whether S will get married or not とします。この場合の or not は whether の直後に置いてもかまいませんし、つけなくても大丈夫です。

「子供を産む」のもっとも簡単な表現は have children ですから、whether S will have children（or not）とします。

ここでは、それぞれの表現に to 不定詞を用いて whether to get married、whether to have children とするのが簡潔です。またこの方が、主語を明示する必要がないという点でも便利です。

✔ 「自由な判断による」は？

「自由に〜する」は be［feel］free to（Ⅴ）が一般的です。
［例］Please feel free to ask me any questions.
　　　「どうぞ自由に質問してください」

また「〜を判断する」は、後に目的語として when 〜 や whether 〜 がくることを考えれば decide とするのが適しています。

Everyone should be free to decide whether to get married and whether to have children.

029

✔「べきだ」は？

「提案」なら should を用います。「人間とはそうあるべきだ」という主観的な断定口調なら must。「その必要がある」という感じならば have to。ここではどれを使っても問題ありません。

✔「Aか、Bか」は？

「結婚するかどうかの自由」と「子供を産むか産まないかの自由」のどちらか一方だけしか認められないのなら or になります。両方認められるなら and です。ここではもちろん and を用います。

問3：次の文には、文法または語法上の誤りが1ヵ所ある。それを訂正せよ。

We were all surprised that Tom was determined to marry with Jane, who had just finished high school.

【ヒント】 marry は、marry 〜「〜と結婚する」、get married to 〜「〜と結婚する」、be married to 〜「〜と結婚している」で用います。現在では自動詞で用いることもありますが、marry with とは言いません。なお、be determined to (V) は「固い決意をしている」の意味。

大地震がいつどこで起こるかは予測不可能だ。

✔「起こる」の時制は？

「(地震が)起こる」は未来のことですから、will を用いて、〈～ will occur〉とします。口語体では〈there will be ～〉となります。これら 2 つの表現は「事故」「停電」などについても使えます。

[例] There has not been a major traffic accident in this town for ten years.

「この町ではここ10年のあいだ大きな交通事故は起きていません」

[例] There was a blackout last night during the typhoon.

「昨夜は台風のあいだ停電した」

なお「大地震」の「大」は major がベストですが、big でも large でも great でも OK です。

✔「予測する(こと)」の時制は？

「予測する」は、001の「運転する」と同様に未来を表しますから to 不定詞を用いて to predict ～ とします。また、ここでは predict の代わりに tell / say / know も使えます。

✔「いつどこで」の語順は？

通常の英文では〈場所〉〈時間〉の順が一般的ですが、where

It is impossible to predict where and when a major earthquake will occur.

and when は when and where でも OK です。次の表現も暗記しましょう。

① 「東南アジア」 Southeast Asia
② 「あなたの住所氏名」 your name and address
③ 「需要と供給」 supply and demand
④ 「衣食住」 food, clothing and shelter
⑤ 「東西南北」 north, south, east and west

 東大に挑戦！

問4：次の文には、文法または語法上の誤りが1ヵ所ある。それを訂正せよ。

「この地域には過去に大きな地震があったらしい」

In this area there seemed to be a big earthquake in the past.

【ヒント】「らしい」は、「今なされている推測」ですから seem は現在形にしなければなりません。さらに主語は a big earthquake と単数形ですから seems とします。「大きな地震があった」のは過去の話ですが、seems to の後に過去形を持ってくることはできませんので、seems to have ＋過去分詞形を用いることになります。

フレッドは万事うまくいくと言い張ったが、私は心配で仕方なかった。

✔ 「万事うまくいく」の時制は？ ▬▬▬▬▬▬

「いく」は未来のことですから、will を用いて、さらに時制の一致により would を使います。

「うまくいく」は単純に be *all right* [*alright*] だけで十分です。work out fine という言い方もあります。

✔ 「言い張る」は？ ▬▬▬▬▬▬▬▬▬▬▬

〈insist that S V〉を用います。これは「周りの者の反対を顧みず自分の意見を曲げずに通そうとする」という感じの語です。

ここでは「S Vだろうと言い張る」という文ですが、もし、S V に相手に強く要求する内容がくる場合には、that 節内で S should V あるいは S ＋動詞の原形を用います。

[例] Bob insists that everyone（should）come to his party.

　　「誰もがパーティーに来るようボブは強く求めている」

[例] Bob insists that he *is* [× *should be*] innocent.

　　「ボブは自分が無実だと言い張る」

事実などを強く「言い張る」場合は現在あるいは過去時制です。

なお〈insist on（V）ing〉の形で用いることもありますので覚えておいてください。この on（V）ing は、on の基本的な意味「接触」から「Vから離れない」という感じの表現です。

Fred insisted that everything would be all right, but I could not help feeling worried.

✔「心配で」は？

worry「心配する」、*feel*［*be*］worried「心配している」がもっとも口語的な表現です。やや堅くなりますが *feel*［*be*］anxious でもかまいません。

✔「〜で仕方なかった／思わず〜だった」は？

「心配で仕方ない」「思わず笑ってしまう」「思わず泣いてしまう」「どうしてもそう考えてしまう」といった場合に見られる「感情が思わず噴き出してしまう」というときには〈cannot help（V）ing〉を用います。help 〜 は「〜を支える」が原義ですから「感情が噴き出すのを抑えきれない」という意味です。

　なお、help 〜 が「〜を助ける」の意味の場合、〈help（＋人）＋（to）V〉の形になります。

 東大に挑戦！

問5：次の文の空所に s で始まる適語を1語入れよ。
　　We suffered from a severe water（　　）this summer.

【ヒント】「この夏はひどい水（　　）に苦しんだ」という内容から、「水不足」を予測します。「不足」は short の名詞形です。

僕の発言が彼女を傷つけるなんて思いもしなかった。

✔「傷つける」の時制は？

「傷つける」の時制に注意してください。その発言をした過去の時点で、「自分の発言が彼女を傷つける（だろう／かもしれない）とは思わなかった」という意味です。よって、would か might が必要となります。次の例も参考にしてください。

[例] I had to earn money because I was going to the U.S.
　　「アメリカに行くのでお金を稼ぐ必要があった」

「アメリカに行く」の部分は未来のことですから、文脈に応じて would か be ＋(V)ing を使う必要があります。

✔「思いもしなかった」は？

〈I did not think that Ｓ Ｖ〉でも十分に通じますが、表現の幅を広げるために〈It never occurred to me that Ｓ Ｖ〉を覚えましょう。occur は「生じる」の意味ですから、直訳すると「ＳＶが私（の頭の中）には生じなかった」ということになります。なお occur の過去形は r を重ねて occurred にすることに注意しましょう。

✔「僕の発言」は？

「ちょっとした発言・言葉」という意味では remark という単語が便利です。もちろん what I said としても OK です。

It never occurred to me that my remark might hurt her feelings.

✔ 「彼女を傷つける」は？

hurt her feelings とします。feeling を複数形にするのを忘れないでください。hurt her だけでも OK ですが、「彼女の気持ち」を明確にするなら上記のようにします。

　なお、hurt は injure よりも傷の程度が軽い場合に使います。身体的な怪我についても hurt は軽傷の場合に用います。一方、「ひざを怪我して歩けない」のように軽症とは言えない場合は injure を用いて injure one's knee and cannot walk とする方が適しています。

「プライドを傷つける」は *injure* [*hurt*] one's pride とします。

 東大に挑戦!

問6 ：(b) が (a) の要約になるよう、空所に適語を 1 語入れよ。

　(a) "No, Roger," said Edward, "the answer is no. No matter how many times you ask me, I'm not going to help you."

　(b) Edward (　　) to listen to Roger's request for help.

【ヒント】 (a) は「何度頼まれても助けるつもりはない」という内容から (　　) には「断った」という意味の語が入ります。「拒否」の動詞は refuse、reject、decline がありますが、reject ～ は、目的語として to 不定詞をとりません。decline は丁寧な表現ですから文脈に合いません。

「トム、ごはんですよ」
「わかった、ママ。すぐ行くよ」

✔ 「行く」は come か go か?

　日本語の「行く」と「来る」と、英語の go と come にはズレがあります。

　　go　　　話題の中心から離れていく
　　come　　話題の中心に向かっていく

[例] I will come and pick you up. You must spend the night with us.
　　「あなたを迎えに行きます。夜は僕たちと一緒に過ごさなくっちゃ」

　この［例］の文脈では「迎えに行く」という「話題の中心」は「あなた」ですので、come を使います。

[例] "I'm going shopping downtown today. Would you like to come with me?"
　　「今日街に買い物に行くけど、君も来る?」

　「街への買い物」が「話題の中心」ですから、やはり come を用います。なお、この場合には日本語でも「来る」ですね。

　本文では、「食事が用意されているところ」が「話題の中心」ですから、come を使います。また確定未来ですから will come では不自然で、be coming を用います。

"Tom, dinner is ready."
"OK, Mom. I'm coming."

✔「ごはん」は rice ?━━━━━━━━━━━━━

日本語の「ごはん」には2種類の意味があります。

①「1回の食事」のこと

［例］You should eat three meals a day.
　　　「1日3食にしなさい」

②「米」のこと

［例］I have rice, fish, and miso soup for breakfast.
　　　「朝食は、ごはんと魚とみそ汁です」

ここでは、当然①のことです。ただし一般論としての「食事」ではなく、具体的な場面ですから、a meal では不自然で breakfast か lunch か dinner を用います。

✔「ママ」は？━━━━━━━━━━━━━

幼い子は *mommy*［（英）*mummy*］「お母ちゃん」、daddy「お父ちゃん」を用い、ある程度大きくなると *mom*［（英）*mum*］「お母さん」、dad「お父さん」を用いるのが一般的です。また、呼びかけのときや、固有名詞の代わりとして使う場合は、大文字で始めますが、ふつうの文のときには小文字で始めてください。

［例］When *my mom*［*Mom*］is in the kitchen, she often sings.
　　　「母は台所にいるときは、よく歌を歌っている」

成田空港に着いたら電話します。

✔ 「〜たら」の時制は？

「〜たら」は、以下の３種類が考えられます。

① 確実に起こりうること　　→ when S ＋動詞の現在形
② 不確実なこと　　　　　　→ if S ＋動詞の現在形
③ 可能性が非常に低いこと　→ if S ＋動詞の過去形

たとえば「家に帰ったら、風呂に入ろう」という場合は、①になります。②にすると、「今日は徹夜で会社で仕事をするかもしれない」という感じになります。③にすると絶望的ですね。きっと無人島で涙ながらに叫んでいるに違いありません。

ここでの「空港に着いたら」は①が妥当ですね。

また①の場合でも②の場合でも、will を用いずに、現在時制にすること（動作動詞の場合には現在完了時制を用いることもあります）に注意してください。日本語「着いた」は過去形ですが、それに引きずられて過去形にしないでください。

✔ 「成田空港」の冠詞は？

空港名や駅名の固有名詞には the をつけないことを覚えておいてください。もちろん固有名詞でなければ the station、the airport などと the をつけるのはかまいません。

I'll give you a call when I get to Narita Airport.

✔「～に着く」は？

　日常的な英語では〈get to ＋場所〉で十分です。arrive at ～ や reach ～ は、もう少し堅い表現です。

✔「電話する」は？

　call ［*phone*］ ～、give ～ a call が一般的です。前者は「～」に、後者は「電話すること」に重点があります。次の文にも注意。

［例］　There was *a call* ［× *a telephone*］ for you.
　　　「あなたに電話がありました」

［例］　Could you give me *a wake-up call* ［× *a morning call*］ at 7:00?
　　　「7時にモーニングコールをお願いします」

 東大に挑戦！

問7：次の文の空所に b で始まる適語を1語入れよ。

　The lecture was not at all interesting, and everyone looked （　　）.

【ヒント】「その講義はまったく面白くなかった」という内容から、「誰もが退屈そうだった」という内容を予測します。

ここから東京ディズニーランドまで電車で行くなら、3回の乗り換えが必要になります。

✔ 「〜なら」は when か if か？

「車で行くなら便利だけど」と示唆している感じのする文ですね。ですから不確実な仮定と考えて if Ｓ Ｖ とするのが適切です。

✔ 「乗り換える」は？

〈change trains〉〈transfer（between trains）〉を用います。乗り換えのときには、今まで乗ってきた電車と次に乗り換える電車の両方が必要ですから複数形にします。もし change a train とすると「電車を改造する」という意味になってしまいますので注意してください。ここでは文脈上、trains を省き change だけでも十分です。

　このような複数形を用いるもので大切な表現は次のとおりです。

① shake hands（with 〜）　　「（〜と）握手する」
② make friends with 〜　　「〜と友達になる」
③ be close friends with 〜　「〜とは親友である」
④ exchange gifts　　　　　　「プレゼント交換をする」
⑤ exchange business cards　「名刺交換をする」

[例] At the end of the match, players traditionally exchange shirts with each other.

「試合終了時に選手同士でシャツの交換をするのが伝統だ」

If you take the train from here to Tokyo Disneyland, you have to change trains three times.

✔ 「3回」は？

three times です。回数を表すときには前置詞はいりません。

[例] Take three of these tablets three times a day.
「この錠剤を3錠ずつ1日に3回飲みなさい」

✔ 「〜まで電車で行く」は？

〈take the train to 〜〉を用います。take 〜 は「（交通機関）〜を利用する」の意味です。get on 〜「〜に乗り込む」とは区別してください。なお go to 〜 by train でも通じます。take the train と the を用いると、「電車（というもの）を利用する」という意味ですが、もし take a train と言うと「目的地まで1本の電車で行く」という意味になります。022も参照してください。

　① take a taxi to 〜　　　　　「タクシーに乗って〜へ行く」
　② take a plane to 〜　　　　 「飛行機に乗って〜へ行く」
　③ take the Shinkansen to 〜　「新幹線に乗って〜へ行く」
　④ take the subway to 〜　　　「地下鉄に乗って〜へ行く」

　Shinkansen と subway に the が必要なのは、これらの単語が個別の車両を意味するのではなく、「新幹線網」と「地下鉄網」といったシステム全体を意味するからです。

大学を卒業したら海外で働くことに決めている。

✔ 「決めている」の時制は？

decide は、動作動詞の現在形ですから、このままの形で使うと「習慣的行為」になってしまいます。また、過去形で用いるためには何らかの過去を示す副詞（句・節）が必要となります。次の例では In 2020 が副詞句です。

［例］ In 2020, I decided to marry Nancy.

「2020年にナンシーと結婚すると決めた」

結局、ここでは現在完了時制でしか表現できないとわかるはずです。〈have decided to（V）〉「～することに決めた」という「完了」は、「～することに（すでに）決めている」と訳すこともできるということを覚えておいてください。

「（まだ）～していない」という場合にも現在完了時制を用います。次の例で確認しておいてください。

［例］ Ann has not come yet.

「アンがまだ来てないね」

✔ 「大学を卒業したら」は？

「したら」の部分は when が妥当です。少なくとも日本なら、大学にいったん入ればほぼ自動的に卒業が決まりますから、if でなくて when が適しています。after でも OK です。

I have decided to work abroad when I graduate from university.

「大学を卒業する」は、graduate from *university*［*college*］です。口語では from を省くこともありますが真似する必要はありません。また、university の冠詞は、go to school などと同様に省略してください。

✔ 「海外で働く」は？

work *abroad*［*overseas*］とします。*abroad*［*overseas*］は副詞なので前置詞は不要です。なお、「社会に出る」は *go out into the world*［*start to work ／ get a job*］などと表現できます。

東大に挑戦！

問8：次の文が自然な英文になるように、（　　）内の語句を並べ換えなさい。

Look at the sign. It says, 'At no（ア be　イ door　ウ left　エ must　オ this　カ time　キ unlocked).' I wonder what's inside.

【ヒント】 選択肢と、後半の記述「中に何が入っているのかな」から、「鍵をかけておかねばならない」という内容を予測し、This door must be left unlocked.「ドアには鍵をかけていない状態に放置する」＋否定語とします。そして、その否定語として at no time（＝ never）を用います。否定的副詞が文頭に置かれると、後が疑問文の形の倒置形になることに注意しましょう。

このドライヤー、動かないわ。壊れたみたい。

✔ 「ドライヤー」は？

「ヘアドライヤー」の意味と考えて、a hair(-)dryer あるいは a blow(-)dryer とします。

✔ 「動かない」は？

「(機械・器官)が動く」は work を使います。move は使いません。move は、「身体を動かす」「移動する」の意味で使います。

[例] You can hardly move on the train during the rush hours.
　　「ラッシュアワーの時間帯は電車の中ではほとんど身動きがとれない」

[例] Our family moved to Shizuoka ten years ago.
　　「うちの家族は10年前静岡へ引っ越しました」

✔ 「～みたい」は？

〈It seems (that) S V〉あるいは〈S seems to (V)〉を使います。この表現は「～だと思われる」という意味ですが、もし個人的に「私には～と思える」と言いたいときには to me を追加します。

[例] Nobody has anything good to say about Tom, but it seems to me that he is only pretending to be nasty.

This hair-dryer doesn't work. It seems something is wrong with it.

「トムのことをよく言う人はいないが、トムは悪ぶっている
だけだと私は思うよ」

✔「壊れた(みたい)」は？
〈Something is wrong with 〜〉「〜はどこかがおかしい」を用い
ます。この with 〜 は「〜に関して」という意味で使われていま
す。something は「どこなのかははっきりわからないが何かが」
という意味です。よって機械のどこが壊れているのかわからない
場合などに、この表現は便利です。
　なお There is something wrong with 〜 と言っても意味は同じ
です。次の例のように「壊れている」という形容詞の broken を
用いても OK です。
[例] The hinge on the door has been broken for more than two
　　years.
　　「その戸の蝶つがいは2年以上も前から壊れている」
　よく「故障している」という意味で out of order を使ってしま
う人がいますが、この表現は券売機やエレベーターなどの公共物
が「故障中」であることを意味します。日本でも「故障中」とい
う張り紙が張ってあることがありますが、この張り紙は英語では
"OUT OF ORDER"となります。

アメリカでのホームステイで 一番うれしかったことは、ホストファミリーの両親が私を自分の娘のように扱ってくれたことです。

✔「〜で一番うれしかったことは…」は？
〈The best thing about 〜 was that ...〉がもっとも簡単。happy は「人」に対して使われる語なので、the happiest thing とは言えないことに注意してください。逆に「〜で一番つらかったことは／大変だったことは」などは〈The worst thing about 〜 was that ...〉で十分です。いずれの場合も…の部分には現実のことがらがきますので that S V の形にします。

✔「〜のように」は？
〈(just) like 〜〉が一番簡単な表現です。熟語的表現の〈as *if* [*though*] 〜〉「まるで〜のように」を用いて、as if ／ as though I was their own daughter とすることも可能です。またその場合 was を were にすることもあります。
[例] Ben talks as if he *knows* [*knew*] everything about chemistry.
　　「ベンは化学のことなら何でも知っているような口ぶりだ」
　as if 内の時制は、現代の英語ではその意味がどんな場合でも、仮定法でない場合が多く、上の例でも knows で大丈夫です。038 も参照してください。
　なお、本文は like <u>their</u> daughter とすると、「彼らには娘がいる」ことが前提となります。

The best thing about my stay with an American family was that the host parents treated me just like a daughter.

✔「アメリカでのホームステイ」は？

〈stay with 人〉で「人の家に宿泊する」の意味です。意外と言えない人が多いので注意してください。

［例］Last month I stayed with my parents for two nights.

「先月、実家に 2 日泊まった」

本文では stay を名詞として使っています。

✔「〜を扱う」は treat ？

treat 〜 は、「どのように扱うか」に焦点があり、必ず副詞（句・節）を伴います。副詞を伴っていない場合の treat 〜 は「治療する」という意味になることに注意してください。伴う副詞は、like 〜「〜のように」、as 〜「〜として」、badly ／ well「ひどく／よく」などです。

［例］We should treat eighteen-year-olds as adults.

「18歳は大人として扱った方がよい」

［例］I object to being treated like a child.

「子供扱いはごめんだ」

「（厄介な人・物）〜を扱う」には、deal with〜 が適しています。なお deal の過去形・過去分詞形はともに dealt で発音は /delt/ です。

10代の頃、父の仕事の関係でカナダに3年間住んだことがある。

✔ 「～年間住んだ」の時制は？

「10代の頃」は過去で、「3年間住んだ」はそれと同じ時期ですから、やはり過去です。現在完了は過去を示す副詞と一緒に使うことはできません。また過去完了は「文中の過去形である動詞より前」のことを表しますから、ここで過去完了を用いると「10代より前」になってしまいます。「10代の頃」がなくて、「今でも住んでいる」というのならば現在完了形が使えます。

［例］I have been living in Canada for three years.

「カナダには3年住んでいます」

「したことがある」という日本語を見ると、よく考えずに現在完了形や過去完了形にしてしまう人がいます。まず「過去を示す副詞があれば過去形」だと覚えておいてください。

これは「回数表現」が使われている場合も同じです。

［例］I went to China three times while I was a college student.

「大学生の頃、中国には3回行ったことがあります」

なお、「SVより以前に、…年の間～したことがある」という場合には〈S had ＋過去分詞形＋ for ... year(s) before S ＋過去形〉とします。

［例］I had lived in Canada for three years before I moved to Germany.

「ドイツに引っ越す前はカナダに3年間住んでいました」

When I was in my teens, I lived in Canada for three years because my father was transferred there.

✔「10代」は？

〈in one's teens〉とします。厳密には teens は、thirteen から nineteen までですが、他に適切な表現がありませんので代用します。なお「彼女の20代」ならば in her twenties となります。このように「～代」というときには算用数字を使わないのがふつうですが、「1980年代」という場合は in the 1980s ／ in the 1980's と数字を使うのが一般的です。

✔「父の仕事の関係で」は？

伝えたいことによってさまざまな書き方ができます。ここでは「父」をサラリーマンと考え「父はそこへ転勤になった」としています。もっと簡単に because of my father's *job* [*work*] としても通じます。もし「父」が自分の商売をしているのなら because of my father's business と言ってもいいでしょう。

なお、transfer は、〈be transferred to ～〉で「～に転勤になる」「～に移籍する」の意味に使われます。

[例] The star player was transferred to Real Madrid.
「そのスター選手はレアルマドリードに移籍した」
本文の there は副詞なので to は不要です。

スマートフォンの普及とともに、ここ数年、ワイヤレスイヤホンの売り上げが急速に伸びている。

✔ 「～の間…している」の時制は？

　現在完了進行形を用います。ここでは、〈have been increasing <u>for</u> ＋期間〉とすると、「一度も減少することなく増え続けている」という意味になりますが、ふつう売り上げは増加する場合でも若干の増減を繰り返しながら増加していきますので不適切です。よって〈<u>over</u> ＋期間〉「～の期間にわたって」を使います。

✔ 「普及」は？

〈be widely used〉を用います。かっこいい言い方では with the widespread use of ～「～の普及とともに」というのもあります。なお〈More and more people are using ～〉でも OK です。

✔ 「ここ数年」は？

〈the *last* [*past*] few years〉を覚えてください。日本語に惑わされて this few years としてはいけません。また these *few* [*several*] years というのは現在ではあまり使われていません。

✔ 「～の売り上げ」は？

〈sales of ～〉を用います。a sale なら「売りに出すこと」ですが、sales と複数形にすれば「売上高」という意味として使えます。

Smartphones are now widely used, so sales of wireless earphones have been rapidly increasing over the last few years.

✔ 「急速に」は？

increase や decrease との組み合わせでは、rapidly ／ greatly ／ dramatically ／ sharply などがありますが、rapidly が一番なじみがあると思います。 動詞と副詞の組み合わせは決まったもの以外は使えませんから、日本語で考えて勝手に作らないでください。次の組み合わせは覚えておいてください。

① firmly believe 〜　　「〜をかたく信じる」
② fully realize 〜　　「〜が十分にわかる」
③ flatly refuse 〜　　「〜をきっぱりと断る」
④ fully understand 〜　「〜を深く理解している」
⑤ deeply regret 〜　　「〜を深く反省する」
⑥ flatly deny 〜　　「〜をきっぱりと否定する」

 東大に挑戦！

問9：次の文の空所に適語を1語入れよ。

It is （　　） of her to whistle while she works. She is always cheerful.

【ヒント】 後半の「いつも陽気だ」という内容から、「仕事中に口笛を吹くのは彼女らしい」という内容を予測します。type の形容詞形です。

彼が水泳の名人だと自慢するのをたびたび聞いたことが
あるが、実際に泳いでいるところを見たことがない。

✔ 「たびたび〜したことがある」「〜したことがない」の時制は？ ━━━
「過去の経験」を表すときには 現在完了形が適しています。た
だし、その場合には必ず three times ／ often などの「回数表現」
あるいは ever ／ never という副詞を伴います。

✔ 「〜が…するのを(直接)聞く」は？ ━━━
〈hear ＋ O ＋（V）／（V）ing〉を用います。

① I heard（that）he sang in the bar when he was drunk.
「彼は酔っぱらうとバーで歌うという噂を聞いた」

② I heard him sing ／ singing in the bar.
「彼がバーで歌う／歌っているのを（直接）聞いた」

①のように hear ＋(that) S V の場合には、「直接聞いた」とい
う意味にはならずに、「誰かから間接的に聞いた」という意味
になってしまいます。同様に〈see ＋ that S V〉「S が V するよ
う取りはからう、S が V とわかる」は、「直接〜を見る」という
意味にはなりません。

③ I saw（that）my girlfriend got home safely.
「彼女が無事に家に着くように取りはからった［×見た］」

④ I saw him teach ／ teaching English to high school students.
「彼が高校生に英語を教える／教えているのを見た」

I have often heard him boast that he is very good at swimming, but I have never actually seen him swim.

本文の boast と swim は、「〜しているところ」ということを強調したければ、boasting、swimming としても OK です。

✔「〜だと自慢する」は？

〈boast that S V〉を覚えておいてください。brag that S V とも言います。「自慢げに言う」proudly say も可です。

✔「水泳の名人」は？

要するに「水泳がとてもうまい」わけですから be good at 〜を強調して be *excellent* [*very good*] at 〜 とします。can swim very well、be an excellent swimmer でも OK です。

✔「実際に」は？

「（予想に反して）現実に、実際に（は）」は actually が適切です。

問10：（　　）内の語を適切な形に変えよ。

She made two visits to the museum on（succeed）days.

コンビニでアルバイトを始めてから1週間にしかならないが、もうすっかり仕事に慣れた。

✔ 「～してから1週間にしかならない」の時制は？ ━━━━━

〈It has been ... since ～〉を用います。it は「時間・天候」など
を示す it です。since ～「～以来」を伴う文では現在完了形にす
るのがふつうですが、この「～以来…週間／年が経つ」の場合に
は現在形を用いるアメリカ人も少なくありません。ただ、標準的
な英語としては、現在完了形を使うのがよいでしょう。

　本文の since は接続詞として用いていますが、since は前置詞
としても使えます。

[例] He has been staring at the computer screen since this morning.

　　「彼は今朝からずっとコンピュータの画面を見つめている」

　また「～して…年が経つ」は次のような表現も可能です。

[例] Ten years have passed since we opened this shop.

　　「この店を開店して10年が経った」

　この文の pass は自動詞で「(時間などが) 過ぎる」という意味
です。～ years は、Ten years is short.「10年は短い」のように単
数扱いがふつうですが、この文では複数扱いになっていることに
注意してください。この文はどちらかと言うと叙情的な文で「1
年また1年が過ぎた」という感じになります。英作文では、〈It
has been ... since ～〉が無難です。

It has been only a week since I began
working part-time at a convenience store, but I
am already quite used to it.

✔ 「アルバイトをする」は？
「アルバイト」はドイツ語から来た語ですから、そのまま英語と
して書くことはできません。part-time という形容詞を用いて do
a part-time job とするか、part-time という副詞を用いて work
part-time とします。本文では手前に a week があるので、a を使
わない後者の表現を用いています。また、アルバイトを無視して、
単に began *to work* [*working*] でも通じます。「コンビニ」は「コ
ンビニエンスストア」の省略形で、a convenience store です。

✔ 「〜に慣れた」は？
〈be used to ＋名詞／動名詞〉で「〜に慣れている」の意味です。
この used は形容詞で、動詞 use の過去分詞形ではありません。
また to は前置詞ですから、後ろに動詞がくるときには動名詞に
しなければならないことにも注意してください。そして be 動詞
を get に換えて〈get used to ＋名詞／動名詞〉で「〜に慣れる」
という動作の意味になります。ここでは I am already quite used
to it. とするか、もしくは I have gotten quite used to it. とします。
I get used to it. とすると、I get up at 6:00. と同様の「習慣的行
為」になってしまい不可です。なお、和文では「すっかり」です
が、やや誇張表現なので quite「かなり」としています。

今朝電車に乗ったとき、空いた席が見つからなかった。

✔ 「電車に乗る」は take か get on か？

〈get on a ／ the train〉を用います。get on 〜 は「（電車・バス・飛行機など）に乗り込む、（自転車・馬）にまたがる」という意味です。

日本語では「乗り込む」という一瞬の動作も、「〜を利用する」という継続的動作も、「乗る」と言いますから注意が必要です。たとえば「電車に乗って仕事へ行った」という場合の「乗って」は、「乗って〜まで行く」の意味ですから get on a ／ the train ではなくて、take a ／ the train と言います。本文では「あなたも知っているいつもの電車に乗り込んだ時」と解して when I got on the train としています。

反対に「（電車・バス・飛行機・自転車から）降りる」は on の反対語の off を用いて get off 〜 と言います。文脈から〜が明らかな場合には〜を省いて get off だけでも十分です。昔の日本人が「ここで降ります」を英語で言うときには "I'll get off." 「揚げドーフ」と覚えたというのは有名な話です。

なお「車・タクシーに乗る」は、狭い場所に入り込むという意味の get into 〜 を用います。その反対語は get out of 〜 となります。また「（自転車・馬）に乗って行く」場合には ride a bike ／ a horse と言います。

When I got on the train this morning, I could not find an empty seat.

✔「今朝」は in が必要？

　this morning、this summer、this evening など、〈this ＋時を示す名詞〉の場合には前置詞は不要です。〈these ＋時を示す名詞〉の場合も同様で、these days「近頃」に in をつけてはいけません。

✔「空いた席」は？

　empty は「空っぽの」という意味で、反意語は full です。an empty room は「（誰もいない）ガランとした部屋」の意味です。vacant は、occupied「占有された」の反意語で、a vacant room は「空き部屋」の意味です。「空席」は an empty seat も a vacant seat も可です。

問11：次の文が自然な英文になるように、（　　）内の語句を並べ換えなさい。

　You are not making any sense — （ア is　イ it　ウ that　エ what　オ you) want?

【ヒント】〈疑問詞＋ is it that ～?〉は、「疑問詞の強調構文」の形式です。It is ＋疑問詞＋ that ～ . から疑問詞が前に出た形です。なお、make sense は「意味をなす」の意味の成句です。

今はめがねをかけていないので、あの看板に何と書いて あるのかわかりません。

✔ 「〜を身につけている」は put on か wear か？

「〜を身につけている」という状態は〈wear 〜〉を用います。 wear 〜 を「〜を着る」と覚えている人が多いので注意してくだ さい。put 〜 on ／ put on 〜 「〜を身につける（動作）」との違 いを次の例文で確認しておきましょう。

① Tom usually wears brown glasses.　　　➡ ふだんの状態
　「トムはふだん茶色のめがねをかけている」

② Tom is wearing yellow glasses today.　➡ 一時的な状態
　「トムは今日は黄色のめがねをかけている」

③ Tom puts on his glasses when he gets up.　➡ 習慣的動作
　「トムは起きるとめがねをかける」

④ When I got to Tom's house, he was still putting on his uniform.　　　　　　　　　　　　　　➡ 進行中の動作
　「トムの家に行くと、彼はまだ制服を着ている最中だった」

　本文では「かけていない」のは一時的な状態ですから②と同じ 時制を使えばいいわけです。do not wear 〜 だと、ふだんから 「〜をかけていない」という意味になります。

　では「制服を着るのが嫌いだ」なら、「着る動作」が嫌いなの ではなくて「着ている状態」が嫌いなわけですから I do not like to wear a school uniform. が適切です。

I'm not wearing my glasses now, so I can't make out what the sign says.

✔「めがね」は？

レンズが左右で２枚ありますから glasses と複数形で用います。trousers「ズボン」、scissors「はさみ」も同じ感覚ですね。

✔「わかる」は？

make out は、〈cannot make out ～／cannot make ～ out〉の形で用いて「～を識別できない／わからない」の意味です。ただし「遠くてよく見えない」とか「早口で聞きとれない」という場合に使う熟語で、understand とは使う場面が違うことを理解してください。なお cannot make out は cannot tell でも OK です。cannot を２語で can not とするのは一般的ではありません。

✔「書いてある」は？

新聞や標示などに書いてある場合は、a newspaper ／ a sign says［reads］～ を使います。

東大に挑戦！

問12：綴りが間違っている語を選び、正しい綴りを書け。

1. grammer   2. parallel   3. riserved   4. sence

【ヒント】 特に1. と4. は英作文でもよく綴りを間違うので注意が必要です。

フランスから戻って10年も経つのに、いまだに知らず知らずのうちにフランス語で考えている。

✔ 「S'V'の後…でSV」は？

〈… after S'V', S V〜〉を用います。これは after S'V', S V「S'V'の後SV」という文に「どれくらい後か」という情報を after の前に追加した形です。ですから…が after S'V'を修飾しているのです。日本語の語順とずいぶん異なりますので非常に間違えやすい構文です。また、「S'V'の後…以内にSV」「S'V'の後…経つか経たないうちにSV」とする場合は、…の部分を less than ... の形にします。次の例で確認してください。

[例] It began to rain less than two minutes after I got to the park.

「公園に着いて2分もしないうちに雨が降り始めた」

また逆に「S'V'の…前にSV」なら after の代わりに before を使えばいいわけです。

[例] 「トムはアフリカに出発する3日前にうちに来た」

STEP─1 「3日」を無視して書いてみる。

Tom came to my house before he left for Africa.

STEP─2 before の前に数字を追加する。

Tom came to my house three days before he left for Africa.

これで完成です。

Even ten years after returning from living in France, I still find myself thinking in French.

✔「フランスから戻る」は？
「観光ではなくて、フランスに住んでいた状態から戻る」と考えて return from living in France とします。

✔「知らず知らずのうちに」は？
「知らず知らずのうちに」「気がつけば」は〈find oneself（V）ing〉「気がつけば〜している」、〈without realizing it〉「それとわからないで」、〈before I know it〉「私が知らないうちに」が適しています。
[例] I picked up a lot about wine without realizing it.
　　「私は知らないうちにワインについて多くのことを学んでいた」

✔「フランス語で考える」は？
「(英語、フランス語など) で」は in〜 とします。
　たとえば「英語で文を書く」なら write in English とします。同様に、「英語で話す」は speak in English ですが、この場合しばしば in が省略され speak English とします。
　なお、「いまだに」は副詞の still を用います。

**人間は5〜6歳になる頃には、思ったことを表現できる
能力を持つようになる。**

✔「〜になる頃には」は？

まず次の違いを確認してください。

① by 〜　　　　　　　　［前置詞］「〜までには」
② by the time S V　　　［接続詞］「〜までには」
③ until 〜　　　　　　　［前置詞］「〜までずっと」
④ until S V　　　　　　［接続詞］「〜までずっと」

　　※ until は till で置き換えても同じ意味です。

　by を用いた場合には「〜までには…する」という文になり、
until を用いた場合には「〜までずっと…している」という文に
なります。by 〜 を「〜まで」と覚えていると間違えやすいので
注意が必要です。

　また *until*［*till*］には接続詞としての用法がありますが、by に
はありません。ですから接続詞は by the time とします。

　本文では、「5〜6歳になるまでには」と考えて、by the age
of five or six とするか、by the time they *are*［*turn*／× *become*］
five or six とします。

✔「人間」は？

　ここの「人間」は動物との対比として使われていますから、
humans あるいは human beings もしくは we を使います。また、

By the age of five or six, humans learn to express how they feel.

children「(人間の) 子供」でもかまいません。

✔「思ったことを表現できる」は？

日本語では「意見を言う」と言いますが、英語では say one's opinions とは言えません。「意見・感情」を「述べる・言う」は必ず express を用いてください。

[例] express one's opinions and feelings「意見と感情を述べる」

一般論の場合には opinion も feeling も複数形にします。また同じ意味を、節を用いて次のようにも表現できます。

[例] express what you think and how you feel

think は think *about* [*of*] ～ では自動詞ですが、what 節の中では他動詞として用いられていることにも注意してください。また、一時的な考えや感情の場合は進行形にします。

本文は幼児であることを考慮して「思ったこと」＝「どのように感じるか」としています。

✔「能力を持つようになる」は？

「技術・能力の習得」には〈learn to（V）〉が適しています。become to（V）という英語はありません。少し難しいですが、*develop* [*improve*] one's ability to（V）「～の能力を磨く」も覚えておいてください。

先日教えていただいた新しい道順のおかげで、いつもの半分の時間で車で職場に行くことができました。

✔「できました」は could ？

could は元は can の過去形ですが、現在では can とは独立した1つの助動詞で、can の意味を弱めた「〜かもしれない」という意味でも用いられます。これは should についても言えます。should は元は shall の過去形でしたが、今では独立した1つの助動詞です。ですから could =「できた」と覚えるのは、should =「すべきだった」と覚えるのと同じくおかしいのです。

また日本語の「できた」は、ふつう「能力があった」ではなく「やった」の意味にすぎません。本文も「行くことができました」の代わりに「行った」と言っても意味は変わりません。ですから日本語の「〜できた」は動詞の過去形で十分その意味を表すことができるわけです。もし「何とか〜できた」という気持ちを表したいときには〈managed to（V）〉を用います。

なお could を過去の意味で使う例外的な場合は以下です。

① 過去の能力　※過去の一定期間を明示する副詞が必要
② 否定文　　　※過去であることを明示する副詞が必要
③ 時制の一致　[例] Tom said that he could ...
④ could see ／ hear 〜
　　※ see ／ hear は原則的に進行形にしないので、進行形の代用としてこの形を用いる。

Thanks to the new route you told me about the other day, I managed to drive to work in half the normal time.

✔「車で職場に行く」は？

drive to work が簡潔です。go to work by car でも OK です。もしオフィスがある職場なら work は the office でも可です。

✔「～のおかげで」は？

thanks to ～ を用います。この表現は thanks to で 1 つの前置詞だと考えてください。because of ～ を用いることも可能です。

✔「先日教えていただいた新しい道順」は？

「先日」は the other day とします。「(人) に～のことを教える」は、〈tell +(人)+ about ～〉です。この表現で about を忘れないようにしてください（tell +(人)+～ となるのは、～が a story「話」、a lie「ウソ」など「話」関連の名詞だけです）。本文では the new route which you told me about から、目的格の関係代名詞 which が省略された形です。

✔「いつもの半分の時間で」は？

行為の達成の所要時間「(時間) ～で (…する)」は、〈in ～ 〉とします。「いつもの半分の時間」は half the *normal* [*usual*] time とします。half は冠詞の前に置くことに注意してください。

昨年、2週間の休みをとり、家族でヨーロッパ旅行に行きました。

✔ 「休みをとる」「行きました」の時制は？
「昨年」があるので過去時制を用います。

✔ 「昨年」は？
　in 2021 「2021年に」、in (the) summer 「夏に」、in May 「5月に」などで in は省けません。しかし、〈last ＋時を表す名詞〉の場合は、前置詞は必ず省かれます。よって「昨年」は last year とします。なお「〜年前」と言いたい場合には〜 years ago とします。

✔ 「2週間の休みをとる」は？
　〈take two weeks off〉を用います。「1日休む」なら take a day off とします。また、具体的な数字を言わずに「休暇をとる」という場合は、「数日間休みをとる」と考えて take a few days off とするか、take a vacation とします。
　「学校を休む」「会社を休む」などの「休む」は、do not go to school ／ do not go to work で十分その意味を表すことができます。
[例] Yesterday I did not go to school because I felt sick.
　　　「昨日は気分が悪かったので学校を休んだ」
　また I missed school. でも OK です。

Last year, I took two weeks off, and went on a trip to Europe with my family.

✔ 「ヨーロッパに旅行する」は？ ━━━━━

具体的に目的地を示し、「（プライベートで）〜に旅行する」は、〈take［go on］a trip to 〜〉が一般的です。なお、〈make a trip〉は「（商用で、仕事で）旅行する」の意味です。「月旅行」なら a trip to the moon となります。travel to 〜 と言っても十分通じます。これは主に長距離の旅行で用いられます。

ただし、場所を明示せずに単に「旅行する」という場合には take a trip はやや不自然になりますので、travel を使います。なお trip を動詞で使うと「つまずいて倒れる」という意味になってしまいます。

「ヨーロッパ」は「ヨーロッパの国々」と考えて、European countries とすることも可能です。

 東大に挑戦！

問13：空所に適語を1語入れよ。

Ghosts and fairies are (　　) ― that is, they exist only in the minds of people.

【ヒント】「人々の心の中だけに存在する」→「架空のもの」、imagine の形容詞です。imaginative「想像力豊かな」ではありません。

ボブはひげを生やしていたので、このまえ同窓会で会っ
たときに彼だとわからなかった。

✔「ひげを生やしていた」の時制は？

　一般に、文は起きた順序で述べられます。「①朝6時に起きて、
②運動をして、③朝ごはんを食べて、④学校に行った」は①➡
②➡③➡④の順序で起きたとわかるはずです。このことは英語
でも当てはまります。そしてこのような場合にはすべて過去形の
動詞を使うことに注意してください。
　「③の方が④より前だから過去完了を用いるのでは？」と言う人
が多いですが、もし③を過去完了にするなら②はどういう時制を
用いますか？　まさか「大大過去」なんて言わないでくださいね。
　ところが、本文では、同窓会の前に「ボブはひげを生やしてい
た」ことを明確にするため過去完了を用います。

✔「(あご)ひげを生やす」は？

　日本語では「ひげ」で、すべての「ひげ」を表しますが、英語
では「口ひげ」a mustache と「あごひげ」a beard を区別しま
す。「(ひげ) を生やす」は grow ～ で、「(ひげ) を生やしてい
る」は have ～ か wear ～ を用います。

✔「～に会う」は see か meet か？

　「～を見かける」なら see ～、「～に会って話をする」なら mcct

Bob had grown a beard, so when I saw him at a class reunion, I did not recognize him.

〜 です。ここでは「ボブだとわからなかった」のですから see が適切です。

✔「同窓会で」は？

〈at a class reunion〉とします。reunion は re-「再び」uni-「1つ」から覚えられると思います。なお、聞き手も知っている同窓会なら、the 〜 となります。

✔「〜だとわかる」は？

「昔知っていた人を、久々に見てその人だとわかる」という意味での「〜を認識する」は〈recognize 〜〉を用います。

なお、I <u>could not</u> recognize 〜 とすると「私には〜を認識するだけの能力がなかった」となってしまいます。

 東大に挑戦！

問14：空所に適語を1語入れよ。

I've just spoken to him on the phone, but he was very angry and he (　　) up.

【ヒント】「ひどく怒っていて電話を切った」。不規則変化動詞ですから注意が必要です。

20年ぶりに訪れた故郷はすっかり変わってしまい、昔の面影をとどめていなかった。

✔ 「すっかり変わってしまい、昔の面影をとどめていなかった」の時制は？

「変わってしまった」は「訪れた」より前ですから、過去完了形を用います。よって、change を用いるのならば When I visited ..., I found (that) it had completely changed. とします。

「昔の面影をとどめていなかった」は、「それは昔の故郷の姿ではなかった」と考えて、it was *not* [*no longer*] what it *had been* [*used to be*] とします。この場合も、「昔の姿」は「訪れたときより以前の姿」ですから、過去完了形を用いるか used to を用いることに注意してください。なお、「すっかり変わってしまい」の部分は英語にしなくても十分通じます。

　ここに登場する〈what + S + be〉「～の姿」は大切な表現ですので暗記しておいてください。

[例] what the world ought to be
　　　「世界のあるべき姿」→「世界の理想像」

[例] Tom is different from what he used to be.
　　　「トムは昔の彼とは違う」

　なお2つめの[例]は、「トムが悪くなった」ことを示唆している点で、Tom has changed. とは異なります。

　また、本文では、日本文にない I found that ～「～がわかる」が追加されています。これは「(何らかの証拠を見て) ～に気が

When I visited my hometown for the first time in twenty years, I found that it was no longer what it used to be.

ついた」ということを明示するためです。

✔「〜を訪れる」は？

　visit 〜 はうしろに場所を示す名詞を置く場合、他動詞の扱いですから、go to 〜 と違い、visit to 〜 と言ってはいけません。この間違いは本当に多いので注意してください。

　ただし、visit を名詞として用いる場合には、a ／ one's visit to 〜 の形で使うことは可能です。

［例］I paid a visit to her yesterday.

　　　「昨日彼女のところを訪れた」

✔「〜年ぶり」は？

〈for the first time in 〜 years〉を用います。もし「10年ぶり」ならば for the first time in ten years「10年間で初めて」と言います。「久しぶりで」なら「多くの年月の中で初めて」と考えて for the first time in (many) years とします。なお、あいさつで「久しぶり」は、It's been a long time since we last met.（親しい間柄では、Long time no see.）です。

「10年ぶりの大雨」という場合には for the first time の代わりに最上級を用いて the heaviest rain in ten years とします。

昨晩は数学の予習に追われて4時まで起きていたので、とても眠い。

✔「〜しながら…時まで起きていた」の時制は？

「昨晩は」と過去の副詞がありますから過去時制を用います。at night は at が必要ですが last night は at は不要です。「〜しながら起きている」は〈stay up *until*［*till*］...（Ⅴ）ing〉を用います。get up なら「ベッドから出る」ですが、stay up は「ベッドから出ている状態でいる」➡「起きている」の意味です。なお sit up「座った状態で起きている」➡「(看病などで) 起きている」の意味となり、「街で友達と騒いで起きている」などには使えません。

「〜しながら」というときに with（Ⅴ）ing としてしまう人が多いのですが、それは絶対に使えませんので注意してください。ただし while ＋（Ⅴ）ing なら OK です。005を参照してください。

［例］Never use your cell phone *while*［× *with*］driving.
　　　「車の運転をしながら携帯電話で話すな」

✔「数学の予習(をする)」は？

「〜の予習をする」➡「〜の準備をする」と考えれば prepare for 〜 が使えます。また「数学の予習」は、「数学の授業のための準備」ですから my math *lesson*［*class*］とします。もし2時限以上あるようなら複数形を使っても OK です。

　なお「〜を復習する」は review 〜 です。

I stayed up until four last night preparing for my math lesson, so I feel very sleepy.

✔「〜まで」は by か until か？

「〜までずっと」は until 〜 あるいは till 〜 を用います。until の綴りを untill としないように気をつけてください。また by 〜「〜までには」とはまったく違う語ですので、until／till「までずっと」、by「までには」と口ずさんでしっかり区別してください。025を参照してください。

✔「(私は)とても眠い」は？

I feel *very* [*terribly*] sleepy. で問題ないでしょう。I am 〜 でも可です。

 東大に挑戦!

問15：空所に適語を1語入れよ。
「日本を除くアジアの国々では、日本人学校だけに通っている日本人の子供が全体の5分の4以上もいる」
In Asian countries except Japan, more than (　　) of Japanese children go to full-time Japanese schools only.

【ヒント】「5分の4」は「5分の1」が4つあると考えます。「5分の1」は a fifth あるいは one fifth／one-fifth です。

図書館から昨日借りてきた小説をもう読み終えたので、今はすることがない。

✔「読み終えた」の時制は？

後半に「(今は) することがない」とあり、前半に「いつ読み終えたかを示す副詞」がありませんから現在完了形が適切です。

こういう場合に過去時制を使ってしまう人が多いのですが、過去形はあくまでも「いつそれが行われたのか？」に重点があるので、過去を示す副詞を伴うのがふつうだと覚えておいてください。

✔「〜を…から借りる」は？

無償で借りる場合には〈borrow 〜 from ...〉を用います。また有償で借りる場合には〈rent 〜 from ...〉を用います。お金を払うか払わないかで表現が異なるのはシビアな世界ですね。

なお borrow は持ち運びが可能なものにしか使えませんから、「友達から車を借りる」と言いたいときは use を使います。

✔「図書館」は the library か a library か？

この発言を聞いている人が、「ああ、あの図書館だね」とわかる場合、あるいは「君の学校の図書館だね、きっと」とか「君の家の近くにある図書館だよね、きっと」と推測できる場合には the をつけます。

一般に、図書館などの公共施設はコンビニなどと違い、数が限

I've already finished reading the novel I borrowed from the library yesterday, so now I have nothing to do.

られていますから the をつけるのがふつうです。

✔ 「昨日図書館から借りた小説」は？

　まず冠詞ですが、「昨日図書館から借りた小説が1冊だけ」なら the novel で、「2冊以上借りたそのうちの1冊」なら a novel です。ここでは「1冊だけ」と考えられるので、the novel が適切です。

　英語では、名詞の後にその名詞を説明する説明文を置くことが可能です。しかも1つの完全な文にもかかわらず接続詞は不要で、文頭も小文字にします。ただし、「説明文の中では、人称代名詞の代わりに関係代名詞を用いる」という規則があります。ここで注意してほしいのは関係代名詞はあくまで代名詞で、「文と文をつなぐ役割」など持っていないということです。また説明文の目的語に関係代名詞を用いるときには、ＯＳＶの倒置形を用います。

the ／ a novel ＋ I borrowed it from the library yesterday
➡the ／ a novel ＋ I borrowed which from the library yesterday
➡the ／ a novel ＋ which I borrowed from the library yesterday

　そして口語的な文では、ＯＳＶのＯになっている which は省くのがふつうです。

この薬を飲んで寝ていれば、たぶん２〜３日で良くなっていたのに。

✔ 「〜していれば、…だったのに」の時制は？ ━━━━━

この言い方から、「飲むように言われた薬を飲まなかったために、病気が治らなかった」人に対するものであるとわかります。ですから仮定法過去完了が適切です。まず if 節の中を過去完了形にして、主節は would ／ could ／ might のいずれかの助動詞のあとに have ＋過去分詞形を使います。この形は、would ／ could ／ might を過去完了形にはできないための代用表現です。

If S had ＋過去分詞形 , S $\begin{cases} \text{would} \\ \text{could} \\ \text{might} \end{cases}$ have ＋過去分詞形 .

なお、本文では「たぶん」とありますから、断定を避け would probably 〜 とします。

✔ 「薬を飲む」は？ ━━━━━

〈take (a) medicine〉を用います。「薬を飲む」は、幼児用の液体の薬以外には drink を使わないことに注意してください。ちなみに「スープを飲む」は eat soup と言います。なお、medicine は、丸薬など１錠、２錠と数えられる薬なら可算名詞、粉薬などの場合は不可算名詞の扱いとなります。ふつうは不可算名詞の扱いをすると考えておいてください。

If you had taken this medicine and stayed in bed, you would probably have gotten well in two or three days.

✔「寝ている」は？ ━━━━━━━━━━━━━━━

「病気で寝ている」は〈stay in bed ／ be in bed〉を用います。これらの表現の bed には冠詞は必要ありません。

[例] I have been in bed with a cold for three days.
　　　「風邪をひいて3日間寝込んでいます」

✔「良くなる」は？ ━━━━━━━━━━━━━━━

〈get well〉を用います。「ましになる」と考え get better とすることも可能です。get fine とは言いません。fine は How are you? の答えとして I'm fine, thanks. ぐらいしか使わないと覚えておいてください。なお別解として recover「回復する」でも OK です。

✔「〜で」は？ ━━━━━━━━━━━━━━━

　行為の達成の所要時間は、〈in 〜〉を用います。

 東大に挑戦！

問16：sewn の原形と同じ母音の発音を持つ語を1つ選べ。

(a) saw　(b) sea　(c) sigh　(d) so　(e) sue

【ヒント】 sew の発音記号は /sou/ です。

先生は、今出ると、下山途中で雷雨に見舞われる危険が
あるので、しばらくここで待った方がいいと言っています。

✔ 「今出ると〜する危険がある」の時制は？

先生には出発する気はなさそうです。ですから仮定法過去で書く必要があります。仮定法過去は、このように現実味が薄い未来のことがらに対しても使うことができます。

類例として「今出発すれば、1時までには到着できる」を英語にする場合、時制は状況によって2つあります。

① 出発する可能性が高い場合

If we leave now, we will be able to get there by 1:00.

② 出発する可能性が低い場合

If we left now, we would be able to get there by 1:00.

ただし、②は控えめな提案としても使うことができますので、必ずしも可能性が低いと断定はできません。

✔ 「先生は〜と言っています」の時制は？

現在形を用いて、the teacher says that S V で OK です。これは、過去の発言でも現在に影響を及ぼしているときに使えます。is saying としてもかまいませんが、これは今まさに言っているという意味です。なお、「先生」は he ／ she ／ Mr. 〜 ／ Ms. 〜 でも可です。「〜した方がいい」は「提案」ですから should が妥当です。詳しくは007を見てください。

The teacher says that we should wait here for a while because if we left now, we might get caught in a thunderstorm on the way down.

✔「途中で」は？

「（～へ行く）途中で」は〈on the ／ one's way（to ～）〉と表現します。home や down の場合 to は不要です。

✔「雷雨に見舞われる」は？

〈get caught in a thunderstorm〉と言います。動作性を強調しなければ get の代わりに be を用いて be caught in a thunderstorm でも OK です。この表現は、get caught in a traffic jam「渋滞に巻き込まれる」や、get caught in a shower「にわか雨にあう」などでも使えますので覚えておいてください。

「危険がある」は、be in danger of（V）ing が直訳ですが、仮定法を使うことでその意味は十分に出るので不要です。

✔「しばらくここで待つ」は？

「しばらく」は直訳すると for a while ですが、常識から考えて「2～3時間」と解釈し for a couple of hours とか for a few hours などとすることも可能です。

「ここで待つ」の「ここで」は文脈上明らかなはずですから、わざわざ here をつけなくてもかまいません。また「待つ」は、この文脈では wait の他に stay でも OK です。

不老不死は人間の夢である。しかし、もしこれが実現したら地球は人であふれてしまう。

✔ 「～は夢である」は？ ━━━━━━

〈S + wish + S + 過去形〉を用います。この構文は実現が極めて困難あるいは不可能なことに対して「～ならいいなと思う」という場合に使います。S + 過去形の部分は、仮定法の〈If S + 過去形, S would ／ could ／ might + V〉の if ～ の部分だけを取り出し if の代わりに S wish とした形です。

似た意味を持つ〈S + hope + S will + V〉は、実現可能な未来に対して使われます。

「不老」とは never get（any）older「それ以上（ちっとも）歳をとらない」で、「不死」は live forever「永遠に生きる」とします。

日本語の語順通りに never get older and live forever と書くと、never が否定する範囲がややこしくなるので、英文では語順を変更しています。

なお、dream という動詞を使うなら People dream of immortality and eternal youth. となります。

✔ 「これが実現したら～してしまう」は？ ━━━━━━

「不老不死の夢が実現する」というのは、残念ながら可能性はまずないと思われます。ですから仮定法を用いるしかありません。主節に使う助動詞は would あるいは could どちらでもかまいませ

People wish they could live forever and never get older. However, if this came true, there would be too many people on the Earth.

んが、might は意味が弱くて適していません。

✔「この夢が実現する」は？ ▰▰▰▰▰▰▰

「夢が実現する」の定番は〈one's dream comes true〉です。これ以外にも「夢が可能になる」one's dream becomes possible、「夢が実現される」one's dream is realized などが考えられます。これらを、if 節内で用いる場合、実現可能性が少ないことを表すために過去形にします。また、「架空の世界」を表現するときは〈if S were to V〉も使えます。その場合は、if this were to come true とします。

✔「地球は人であふれてしまう」は？ ▰▰▰▰▰▰▰

「地球上に多すぎる人が存在する」とすれば簡単です。there are 〜「〜がある」を仮定法で用いますので、could か would を追加します。「あふれる」感じを表すために too many people とします。

なお〈S + be full of 〜〉の主語には、閉じた空間（ゴミ箱、コンサートホール、バスなど）が置かれるので、地球を主語にするのは不適切です。the Earth would be overcrowded なら可です。

[例] The department store was full of young girls.
　　「そのデパートは若い女の子で一杯だった」

アンはうれしそうな顔をしているね。何かいいことがあったに違いない。

✔ 「～だったに違いない」は？ ━━━━━━━━━━━━

「～に違いない」は時制に応じて3種類あります。「～に違いない」= must と暗記するのは極めて危険です。

① 「(未来に) ～するに違いない」

[例] Tom *is certain to* [*will surely* ／ × *must*] come tomorrow.
「トムは明日来るに違いない」

② 「(現在) ～しているに違いない」

[例] Tom *is certain to* [*must*] be working in the office now.
「トムは今会社で仕事をしているに違いない」

③ 「(過去に) ～したに違いない」

[例] Tom must have been sick in bed at the time.
「トムはそのとき病気で寝ていたに違いない」

①で must を使ってしまうミスが多いので注意してください。また③は must は古い英語 moten の過去形ですから、過去形にすることはできません。ですから must ＋過去形の代わりとして〈must have ＋過去分詞形〉とします。must は「～する以外の可能性はない」が原義ですから must have ＋過去分詞形は「～する以外の可能性はなかった」→「～したに違いない」となります。

本文では③が適切です。

Ann looks happy. Something good must've happened to her.

✔「〜な顔をしている」は？

「顔」にこだわってはいけません。要するに「〜に見える」ということですから〈S ＋ look ＋形容詞〉を用います。類例として「〜の味」なら動詞の taste を使って how 〜 taste「〜はどのような味がするか」で十分に通じます。

✔「…が〜にあった」は？

「…が〜に起こる」〈... happen to 〜〉を用います。簡単ですが意外と書けませんから注意してください。「どうしたの？」なら "What has happened to you?"、また、what is happening in the world で「世界の出来事」という意味になります。

東大に挑戦！

問17：空所に適切な３語を入れよ。
「スーザンの父は彼女に何かあったのかと尋ねた」
Her father asked Susan (　　) to her.

【ヒント】 間接話法が用いられていますから時制に注意してください。「何かあった」のは尋ねるより以前のことです。なお「何かある」は文末の to her に注目して考えてください。

ヨーロッパの古都に行ったことがある人ならば、その美しさに感動したに違いない。

✔ 「〜したに違いない」の時制は？

文脈によって、次のどちらかを選択します。

① 「現実に〜だった」と思う

  must have ＋過去分詞形

② 「実際には起こらなかったが、ある条件下なら〜だった」と思う

  would ／ could ／ might have ＋過去分詞形

受験生は「〜だったに違いない」と聞くと must have ＋過去分詞形と反応してしまう人が多いので②は要注意です。ここでは、「現実に〜だったに違いない」という意味ですから①を使います。

✔ 「その美しさ」は？

抽象名詞（beauty）を避け how beautiful it was と表現します。また、「美しい町並み」its beautiful streetscapes も可です。

✔ 「感動した」は？

〈be（deeply ／ greatly）impressed by 〜〉を用います。impress 〜 は「〜に強い印象を与える」という意味の動詞で、必ずしもプラスイメージではないのですが、文脈から容易に判断できるときには問題なく使えます。

If you have been to a historic European city, you must have been deeply impressed by how beautiful it was.

なお〈be（deeply）moved by 〜〉も、「〜で感動する」の意味ですが、こちらは「胸にジーンとくる」という意味です。

✔「ヨーロッパの古都」は？
「歴史的に有名なヨーロッパの都市」と考え、a historic European city とします。historic は、ancient「古代の」、traditional「伝統的な」でも OK です。形容詞の語順については076を参照にしてください。

✔「〜な人は…」は？
関係代名詞を用いるか、if 節を用います。
① Anyone who 〜 ...
② If you 〜 , you ...
①で使われている anyone は、「いないかもしれないがもしいれば、そんな人は」という仮定的な意味を持ちます。someone who 〜 の場合は、「（実際に存在する）〜な人」の意味です。

✔「〜に行ったことがある」は？
〈have been to 〜〉を使います。have gone to 〜「〜へ行ってしまった（今はいない）」とは区別してください。

もし石油や石炭などの化石燃料がなかったら、20世紀の
歴史はまったく異なったものになっていたに違いない。

✔「〜がなかったらSVに違いない」の時制は？

〈Without 〜／ If it had not been for 〜, S would ／ could have
＋過去分詞形〉の形を用います。

　これは「もし（現実と違って）〜がなかったら、SVになって
いただろう」ということがらを表すときに用いる形で、仮定法過
去完了と呼ばれています。この構文は would ／ could の後を過去
形にしたいのですが、助動詞の後を過去形にはできませんから、
have ＋過去分詞形で過去形の代用をするわけです。

　would でも could でもほとんど意味はかわりません。might を
用いた場合には「ひょっとしたら…だったかも」という感じにな
り、少し弱くなります。

✔「石油や石炭などの化石燃料」は？

　具体例をあげるには〈〜 such as ...〉が便利です。fossil fuels
such as oil and coal とします。また、including「〜を含めた」を
用いて fossil fuels, including oil and coal とすることも可能です。
なお、「石油」を表す正式な語は petroleum です。

✔「20世紀」には the がいるか？

　the 20th century とします。「世紀名」には the を必ずつけるこ

Without fossil fuels such as oil and coal, the history of the 20th century would have been completely different.

とに注意してください。なお the twentieth century と書いてもかまいません。「21世紀」は the 21st century です。

✔「まったく異なった」は？

ふつう different は、be different from ～ の形で使いますね。ですが、この文では from ～ の部分はなくても十分に意味はわかりますから、省略した方がすっきりします。もし補うなら from what it used to be となります。なお、「まったく」という強調の副詞は completely / totally などです。quite は、それほど強い副詞ではなく、ここでは適しません。

★東大に挑戦！★

問18：次の文が自然な英文になるように、（　）内の語句を並べ換えなさい。なお文頭の大文字は考慮されていない。

（ア for　イ newspapery　ウ the　エ the last　オ they　カ thing　キ wanted　ク was）to find out that they were soon to be married. They had not even told their friends or relatives about it.

【ヒント】 the last と見た瞬間に the last ＋名詞＋関係代名詞節、あるいは the last ＋名詞＋ to（V）の形を想起する必要があります。あとは to find out の主語をどのようにして補うかがポイントです。

あの新入社員は馴れ馴れしい。私に対してまるで友達のような口のきき方だ。

✔ 「私に対してまるで友達のような口のきき方だ」の時制は？ ━━━━

「私に対してまるで〜のように話す」と考え、〈talk to me *as if* [*as though*] S V〉を用います。as if の後の時制は厄介です。昔の参考書なら「仮定法を用いるのが基本で、現実味があるときには直説法」と書いてありましたが、現在では、多くの場合「直説法」でも何の問題もありません。本文でも、as if I am his friend としても as if I were his friend としてもかまいません。

なお中心の動詞が過去形の場合、

① 元が仮定法の場合は時制の一致を受けない
② 元が直説法の場合は時制の一致を受ける

となり、どちらも形は同じになります。

[例] He talked as if he knew everything about computers.

「彼はコンピュータについて何でも知っているように話した」

as if とセットで使う動詞は、次のものを覚えておいてください。

① *act* [*behave*] as if 〜 「まるで〜のように行動する」
② feel as if 〜 「まるで〜のような気がする」
③ look as if 〜 「〜のように見える」

[例] I have just run ten kilometers, and I feel as if I have run a marathon.

「10キロも走ったので、マラソンをした気分だ」

なお、仮定法の文の中での be 動詞は主語の人称とは関係なく

That new employee is too friendly. He talks to me as if I were his friend.

were を用います。これは昔からの決まりなのですが、後の時代に直説法過去で were が使われ始めたためややこしくなりました。

✔ 「あの新入社員」は？

「あの新しい従業員」と考えて that new employee とします。an employer は「雇う人」で、an employee は「雇われている人」です。似たものに an examiner「試験をする人」、an examinee「試験を受ける人」があります。

✔ 「馴れ馴れしい」は？

「あまりに友好的な」と考え too friendly とします。副詞の too は「度が過ぎて、あまりに」の意味です。

 **東大に挑戦！**

問19：次の文には、文法または語法上の誤りが 1 ヵ所ある。それを訂正せよ。

Some of philosophers come to the conclusion that there is no such thing as philosophical progress.

子供の頃、もう少し家が広ければと思ったものでした。

✔ 「〜ならと思った」の時制は？

「カブトムシになれたら」と思ってもなれません。勉強すれば頭はよくなるかもしれませんが、試験中に「もっと頭がよければ」と願ってもよくなることはありません。このような実現が不可能な願望の場合には、〈I wish ＋ S ＋過去形〉となり、現在のことがらでも過去形を使います。日本語でも「頭がよかったらな」「勉強できたらな」「もっと部屋が広かったらな」というように、願望を表すのに過去形を使うことがあるのは面白いですね。

wish の時制に関係なく、「願っているとき」と同時の内容ならS＋過去形とし、それより前の内容ならS＋過去完了形で表します。

[例] I wish I were rich.

「金持ちならいいのに」と思う。

When I was young I wished I were rich.

若い頃「金持ちならいいのに」と思った。

※仮定法では be 動詞は、人称によらず were を用います。

[例] I wish I had been born in the U.S.

「アメリカで生まれていたら」と思う。

When I was young I wished I had been born in the U.S.

若い頃「アメリカで生まれていたら」と思った。

未来のことは〈I wish ＋ S ＋ would ＋ V〉とします。

When I was a child, I often used to wish my house were a little larger.

✔ 「よく〜したものだ」は would ?

「過去の習慣的行為の would」を使う場合には、後にくる動詞は動作動詞に限られます。ですから wish や think などと共に使うのは避けましょう。状態動詞を用いて「〜したものだ」を表現する場合は、〈often ＋過去形〉〈often ＋ used to（V）〉とします。

used to（V）は、「今は状況は異なっている」ことに重点がある表現です。たとえば I used to eat chocolate. は、「今は食べていない」ことを言うために用います。この意味で、上記の would とは使われる場面がまったく違う助動詞です。

✔ 「子供の頃」は？

when I was a child あるいは as a child、*in*［*during*］my childhood とします。children は、a child の複数形ですから、ここでは使えません。

✔ 「家が広い」の「広い」は wide ?

「面積が広い」は large で、「面積が狭い」は small を用います。「幅が広い」は wide で、「幅が狭い」は narrow を用います。a wide house というのは幅だけが非常に広いいびつな家のことです。

洪水や地震などの被災者を手助けするボランティアとして活動したい。

✔ 「〜したい」の時制は?

　①実現可能と考え本気で言っているのか、②それとも自分のかなわぬ夢（たとえば病床にある老人のつぶやきなど）を述べた文なのかを判断する必要があります。②の場合は仮定法に限定されます。

　① I want to（V）／ I would like to（V）

　② I would like to（V）

would like to（V）は控えめな表現のため、どちらでも使えるので便利です。本文では〈would like to（V）〉を使っています。

　なお、「AかBか」という選択の場合には、

　③ I would prefer to（V）　「〜の方がよい」

を用いるのが一般的ですので、これも覚えておいてください。

✔ 「ボランティア」は?

　日本語の「ボランティア」は、①「ボランティアをする人」の場合と、②「ボランティア活動」の場合がありますが、英語では、①は a volunteer で、②は a volunteer activity と言います。ですから「ボランティアとして V する」は、〈S ＋ work as a volunteer（V）ing〉とします。〈do volunteer work as ＋職種〉という言い方もあります。

I would like to work as a volunteer helping victims of natural disasters, such as floods or earthquakes.

✔「〜の被災者」は？

　病気・事故・災害の「犠牲者」は a victim を用います。vict は「たたく」の意味で、そこから victim は「たたかれた人」を指します。おなじみの victory「勝利」も、この vict から出てきた語です。

「〜の被災者」は〈victims of 〜〉とします。

　ちなみに「被災地」と言いたいときには、「洪水や地震などの自然災害に苦しんでいる地域」とします。「地域」は an area、「自然災害」は a natural disaster で、「(国、地域が) 〜 で苦しむ」は suffer from 〜 ですから、an area that has suffered from a natural disaster となります。

　suffer from は、しばしば〈人 + be + suffering from +病気〉の形も用います。

[例] My sister is suffering from (the) flu.
　　「お姉さんは今インフルエンザにかかっている」

✔「AやBなどの〜」は？

「AやBなどの〜」というように具体例を列挙する場合には、〈〜 such as A or [and] B〉を用います。

○ 基本動詞の確認！ ···································· 1

問：次の空所に適語を1語ずつ入れよ。

① Nancy is often (　　　) for her sister.

「ナンシーはよくお姉さんと間違えられる」

② Tom (　　　) me home after the party.

「パーティーの後、トムは家まで車で送ってくれた」

③ Mr. García (　　　) us Spanish.

「ガルシア先生にスペイン語を習っていました」

④ I was born and (　　　) in Kyoto.

「私は京都生まれの京都育ちだ」

⑤ This is the Nozomi Super Express (　　　) for Tokyo.

「この列車はのぞみ号東京行きです」

⑥ What has (　　　) you here?

「なぜここに来たの？」

⑦ Could you (　　　) me a map about this area ?

「このあたりの地図を描いてもらえませんか？」

⑧ I (　　　) the whole day reading last Sunday.

「この前の日曜日は一日中本を読んでいた」

⑨ I have the uncle who (　　　) a movie theater.

「私には映画館を経営する叔父がいる」

⑩ Yesterday I (　　　) my baggage to Tokyo.

「昨日、私の荷物を東京に送った」

PART—2

論理

つまり……英作文は自分のよく知ってる単語 熟語 文法だけを使うこと……これは鉄則だ！

これだと減点される危険が少ない

「なぜオーストラリアに行きたいの？」という問いに対して「コアラが見たいから」と非論理的な答えしかできない人は、「なぜ日本の動物園ではなくて、オーストラリアの動物園でコアラが見たいのか」と考える習慣を持つこと。

「日本人は感情を隠したがる」を英語にする前に、「すべての日本人なのか」それとも「一部の日本人なのか」を考えてみよう。

とにかく「英語に訳す」前に、論理の妥当性をとことん吟味する癖をつけること。これがこの PART の目標だ。

ジムは素晴らしいドラムを持っていますが、誰にも使わせません。

✔ 「が」は but ?

　日本語の「が」には注意が必要です。英語の but ／ however は「論理の逆転」を意味しますが、日本語の「が」は必ずしも論理の逆転を意味しません。つまり but ／ however を使うかどうかは慎重に論理を吟味する必要があるのです。

　本文では「ドラムを持っている」ことと「人に使わせない」こととの論理関係が問題になります。もし「ドラムを持っている」＝「人にそれを貸す義務が生じる」というのなら、「ドラムを持っている」と「人に貸さない」との間には逆接の関係が成立します。しかし、そのような論理は成立しません。むしろ、「素晴らしいドラムを持っている」からこそ「貸さない」ということなので so で接続します。

✔ 目的語の省略

「誰にも使わせません」の「（楽器を）使う」は play を用いることになりますが、当然ながら目的語が必要となります。つまり「それを使う」と補って play them とする必要があるわけです。a set of drums を受ける代名詞は it でも可です。自動詞の play は「（子供が砂遊びなどして）遊ぶ」の意味になります。

Jim has a nice set of drums, so he never lets anyone play them.

✔「～させる」は？

この文の「させる」は許可を意味しますので let か allow を用います。let はディズニー映画の"Let It Go"からもわかるとおり〈let ＋ O ＋動詞の原形〉ですが、allow は〈allow ＋ O ＋ to（V）〉です。なお let の方が口語的な表現です。〈make ＋ O ＋動詞の原形〉「強制的に O に V させる」は不可です。

✔「誰にも」は anyone か someone か？

否定文ですから anyone「いないかもしれないが、もしいれば誰か」を用います。someone「存在するが、はっきりしない誰か」を使うことはできません。

✔「ドラム」は a drum か drums か？

日本語では単数形ですが、ふつうドラムのセットは複数のドラムから成りますから a set of drums とします。これと似た例として a pair of earrings「イヤリング」、a pack of cards「トランプ（一式）」などがあります。

逆に日本語のカタカナでは複数形のように感じても、英語では単数形にするものは a suit「スーツ」、a fruit「フルーツ」、a T-shirt「Tシャツ」などがあります。

最初、ディビッドは冗談を言っているだけだと思ったが、後で本気だとわかった。

✔ 「最初は〜しかし後で…」の「最初」は？ ━━━━━━━━

〈At first(,) S V , but later S V〉を用います。at first は「最初のうちは」という意味です。at first の at が「点」を示すことに注意してください。たとえば at seven と言えば「7時に」という意味です。ですから、at first は「最初のうちは」という一時的な状態を示し、ほとんどの場合「でも後で…」が続きます。

for the first time と at first とを混同してしまう人が多いので要注意です。for the first time は「生まれて初めて／歴史上初めて」という意味で用いますから at first とはずいぶん違う熟語です。

[例] Last year I went to New York for the first time.

　　「昨年生まれて初めてニューヨークに行った」

なお for the first time と同じ意味で first を用いる場合には、not が入る位置と同じ位置に入ります。上の例では Last year I first went to New York. となります。また first of all や first は「まず最初に」の意味の副詞で、順序を示すときに使われます。この場合の first は、主に文頭もしくは文末に置かれます。

✔ 「〜だが」は however ？ ━━━━━━━━━━━━━━

however は副詞ですから文と文はつなげません。もし使うなら、〜 . However, 〜 のように2文に分けます。

At first I thought David was only joking, but later I realized he was serious.

✔「冗談を言う」の「言う」は？

　動詞の joke あるいは kid を用います。また tell a joke という表現も可能です。ふつう tell は〈tell ＋人＋～〉の形で用いますから、tell a joke は tell の例外的な用法です。なお say a joke「"joke" と言う」は不可です。

✔「本気だ」は？

　be serious で「深刻な」という意味です。-ly をつけると副詞になります。take ～ seriously は「～を深刻に受け止める」の意味で、be seriously ill と言えば「重病である」の意味です。なお、I mean it.「本気で言っているんです」という表現もあります。

東大に挑戦!

問20：(b) が (a) の要約になるよう、空所に適語を 1 語入れよ。

(a) "It wasn't me," Bill said, angrily. "I was nowhere near that bank when it was robbed."

(b) Bill (　　) that he had robbed the bank.

【ヒント】 rob ～「（銀行・商店など）～を襲う」の意味。よって、「ビルは銀行強盗をしたことを否定した」の意味。

先週の日曜日、生まれて初めてイタリア料理に挑戦してみましたが、とってもおいしいものができました。

✔「が」は but？
「初めて作った」＝「まずい」という論理は必ずしも成立しませんから、本文を but で結ぶのは避けた方がよいと思います。

✔「生まれて初めて」は？
〈for the first time（in my life）〉とします。〈at first〉「初めのうちは」ではありませんから注意してください。なお、「初めて」という日本語を用いた英作文で特に注意してほしいのは、〈This is the first time S have ever ＋過去分詞形〉です。

[例] This is the first time I have（ever）met a Zimbabwean.
　　「ジンバブエの人と会ったのは今回が初めてです」

the first time の後を現在完了時制にすることを忘れないでください。

✔「イタリア料理に挑戦した」は challenge？
challenge ～ は、通例「～に異議を唱える」の意味ですから、英作文で使うことはまずありません。〈try to（V）〉で十分その意味を表すことができます。ただ、本文では「とってもおいしいものができました」と結果が明確に書いてありますから、そんな場合は〈try（V）ing〉を使います。「結果が明示されている場合

Last Sunday, I tried cooking some Italian food for the first time, and it was delicious.

は try（V）ing」と暗記してください。

✔「イタリア料理」は？

「〜料理」は 〜 cuisine とも言いますが、これは高級感漂う表現なので、口語ではあまり使いません。日常会話では 〜 food で十分です。ただ food はふつう複数形にしないことを覚えておいてください。複数形にする場合は、frozen foods「冷凍食品」、instant foods「インスタント食品」などの「食品」を意味します。他の表現では、a 〜 dish がありますが、これは「1 皿の料理」という意味です。

✔「とってもおいしい」は very delicious ？

delicious は、これ 1 語で「とてもおいしい」という意味ですから very をつけるのは避けましょう。同様に、favorite「一番好きな」に most をつけるのも誤りなので注意してください。

very によって修飾してはならない形容詞は他にもあります。happy のような「程度」がさまざまに変化する形容詞は very で修飾することが可能ですが、necessary「必要な」や impossible「不可能な」のように、「程度」を表すのではない形容詞は very ではなく absolutely などを用いて強調します。

夏は暑くて何をする気にもなれないから嫌いだと言う人がいます。しかし、夏は海で泳ぐには**最適**なので、私はその夏の暑さが好きです。

✔ ［譲歩］→ ［主張］の論理の対立 ━━━━━━

〈［譲歩］. However, ［主張］〉の文を書くときには、［譲歩］と ［主張］で論理の対立が必要となります。ここでは譲歩の部分に 「夏は暑いから嫌いだと言う人がいる」とありますから、主張の 部分では「夏が好きだ」だけでは不十分です。「夏は暑いから嫌 いだ」に反撃を加えるだけの主張が必要になります。だからといっ て、たとえば「夏は全然暑くないよ！」という内容では説得力 がゼロですからダメで、「夏は暑い＝嫌い」を打ち消す内容、つ まり「夏は暑い＝好き」とします。

　受験生の書いた文ではこの「論理の対立」がないものが非常に よく見られます。

［論理があまい例］

　Some people say that they do not like summer because it is so hot that they do not feel like doing anything. However, I like summer because I like swimming in the sea.

「夏は暑すぎて何もする気になれないから嫌いだと言う人がい るが、私は夏が好きだ。海で泳ぐのが好きだからだ」

　これでは［譲歩］で触れている「夏の暑さ」が、［主張］のと ころで完全に無視されていて、非論理的な文になってしまいま す。

Some people say that they do not like summer because it is so hot that they do not feel like doing anything. However, I like the heat of summer because it is perfect for swimming in the sea.

✔ 「漠然」 → 「具体」 ▬▬▬▬▬▬▬▬▬▬▬▬▬

　英語では「漠然：抽象的表現」 → 「具体：具体的表現」という流れが標準的です。ですから本文では、I like the heat of summer. と抽象的に述べた後で「夏の暑さがどのように好きか」を具体的に記述しなければなりません。

　日本語の場合は、「抽象的表現」で文が終わる場合も多く、また「具体的表現」 → 「抽象的まとめ」という流れになっている場合もあるので、この英語の論理に慣れていない受験生が数多くいます。よって「漠然」とした記述を書いたら「具体」を必ず添えるようにしてください。

✔ 「〜する気になる」は？ ▬▬▬▬▬▬▬▬▬▬▬▬

〈feel like（V）ing〉を用います。like は前置詞の扱いで後に動名詞がくることに注意してください。

✔ 「夏の暑さ」の「の」は？ ▬▬▬▬▬▬▬▬▬▬▬

　summer is hot を hot の名詞 heat を用いて書くと、the heat of summer になります。この of は「主語を明示する働き」です。よって the heat in summer としないように注意してください。

ジェームズが8年前日本に来たのは、お寺めぐりがした
かっただけでなく、日本人の彼女がいたからだ。

✔ **理由の表現は？** ━━━━━━━━━━━━━━━━

　理由を示すときには、つねに〈 S V (,) because S' V'〉を基本
としましょう。そして必要ならば because の前に副詞をつければ
いいわけです。

　次の表現はよく使いますので覚えておいてください。

　① 「おそらく～な理由で」　probably because ～

　［例］He did not come to our party, probably because he was
　　　too busy.

　　　「彼がパーティーに来なかったのは、忙しかったからだろう」

　② 「理由の1つは～」　*partly* ［*in part*］ because ～

　［例］I have decided to major in medical science, partly because
　　　my father is a doctor.

　　　「医学を専攻しようと決めた理由の1つは父が医者だとい
　　　うことです」

　③ 「主な理由は～」　mainly because ～

　［例］I rarely go out, mainly because I have to look after my
　　　children.

　　　「外出はめったにしない。主な理由は子供の世話だ」

　たとえ和文に「理由」と書いてあっても、because を使うよう
にすれば、実際に英語を話す場面でもスムーズに表現できます。

James came to Japan eight years ago not only because he wanted to visit temples, but also because he had a Japanese girlfriend.

✔ 「AだけではなくB」は？

not only A, but（also）B とします。A、B が節や文のときには but が省かれることも珍しくありません。

✔ 「彼女」は？

a girlfriend とします。「ただの女友達」という場合には、性別を無視して just a friend とするのがふつうです。なお「～とつきあっている」は be going out with ～、「～とデートする」なら *have a date with* ～ ［*date* ～、× *date with* ～］ とします。

東大に挑戦！

問21：次の文には、文法または語法上の誤りが 1 ヵ所ある。それを訂正せよ。

I don't think Mary could have been the one who somehow managed to put out the fire, although she is possible to have called the fire department.

【ヒント】　前半は〈cannot have ＋過去分詞形〉「～したはずがない」を弱めた表現で「おそらくメアリーは、なんとか火を消し止めた人物ではないであろう」の意味。後半の she is possible はおかしいですね。

私はヒトクローンに反対します。なぜなら悪い人のクローンが作られることになるかもしれないからです。

✔ 「SVなぜならSV」は？

S V. Because S V. としてしまうのがよくある間違いです。because は when や if などと同じ種類の接続詞ですから、文と文とをつなぐために用いられます。ですから、次のいずれかの形になります。

① Because S'V', S V.
② S V(,) because S'V'.
③ S V. That is because S'V'. ※ That は This でも可

①は、あまり一般的ではありませんが、Just because S V, this does not mean that S V. の場合には使われます。②は、もっとも一般的な言い方。③は、ちょっと形式ばった言い方で、本文のように主張を補足する言い方としては適しています。

Why ...? に対する答えとして Because S V. と言うことは可能ですが、これは例外的な言い方であると認識してください。

✔ 「ヒトクローン」は？

ヒトクローンは①ヒトのクローン化 human cloning、②クローン化されたヒト cloned people の2種類があります。ここは①です。ちなみに、「クローン技術」は cloning technology と言います。

I am against human cloning. That is because it could result in evil people being cloned.

✔ 隠れた条件 ━━━━━━━━━━━━

　この文の「なぜなら〜」の部分は日本語的な言い方です。つまり「ヒトクローンが実現すれば」という条件・原因の部分が欠落しているからです。日本語では自明な条件や原因は省略する傾向がありますが、英語ではきちんと補う必要があります。

　本文では〈A result in B〉「Aの結果Bになる」、A cause B「AがBを引き起こす」を用いて「A＝ヒトクローンの実現」という原因を補って論理的な文にします。例を追加します。

［論理があまい例］

　　Smartphones are useful, because you can contact a friend whenever you want to.

［原因・条件を補って論理がしっかりした例］

　　Smartphones are useful, because they enable you to contact other people whenever you want to.

「スマホは役立ちます。なぜならスマホのおかげで好きなときに他人と連絡がとれるからです」

　また、本文では、ヒトクローンに対して反対の立場をとっていますので、当然ながら「ヒトクローンなど実現しなければよい」と思っています。ですから、「ないとは思うけれど、もし実現してしまうことになれば」という気持ちを表して仮定法を用います。

このグラフを見ると、日本における出生率は1985年以降減少している。理由の1つは子育てにお金がかかるからだ。

✔ 「このグラフを見ると」は？

〈This graph shows that S V〉あるいは〈According to this graph, S V〉とします。もし2種類以上の「グラフ」があれば、this graph を these graphs とします。また「漫画」や「絵」の場合には This picture shows that S V. とすればいいわけです。

✔ 「Sは〜以降減少している」は？

〈S have been decreasing since 〜〉を用います。「ずっと減少し続けている」という気持ちを表すときには現在完了進行形にします。decrease は drop や decline や fall でも可です。

本文の主語は単数形なので、have は has とします。

✔ 「理由の1つは〜」は？

〈S V *partly* [*in part*] because 〜〉を用います。

本文を This graph shows that S V ... partly because 〜. と1文にしてしまうと、「このグラフが示している理由の1つは」という意味にとられてしまう可能性があります。ですから2文に分けてあります。さらに This [That] is partly because 〜. としても意味があいまいになるので、This decrease is partly because 〜. としてあります。reason を用いる場合は、One of the reasons for

This graph shows that in Japan the birthrate has been decreasing since 1985. This decrease is partly because it costs a lot of money to raise children.

this decrease is that 〜. とします。

✔ 「子供を育てる」は？
raise 〜 は「〜を上げる」が中心的意味ですが、そこから「〜を育てる」という意味にもなります。bring 〜 up でも OK です。

✔ 「〜に(お金)がかかる」は？
〈〜 costs（お金）〉を用います。本文での「お金」は「多くのお金」と考え a lot of ［× much］ money とします。〜 is a financial burden「〜は金銭的負担だ」も使えます。

東大に挑戦！

問22：次の文には、文法または語法上の誤りが1ヵ所ある。それを訂正せよ。

The mayor expressed concern about the large amount of pedestrians killed or injured in traffic accidents.

【ヒント】 文意は「市長は交通事故で亡くなったり怪我をしたりする歩行者が多いことに懸念を表明した」。pedestrians は可算名詞の複数形ですから amount「量」ではおかしくなります。よって amount を「数」に換える必要があります。

私はジルに遅刻したことを謝ったが、許してくれなかった。

✔ 「人に〜のことを許す・容赦する」は？ ━━━━━━━

〈forgive ＋ 人 for 〜〉を用います。日本語の「許す・認める」を英語にする場合には注意が必要です。

　①「〜がVすることを許可する」allow［*permit*］O to（V）

　　※ permit は「学校や官庁などが許可する」という感じ

　［例］My father did not allow me to travel alone.

　　　　「父は私が一人旅をするのを許してくれませんでした」

　②「（過失）〜を認める」

　［例］My boss did not admit that he was mistaken.

　　　　「私の上司は自分が間違っていることを認めなかった」

　③「〜が…してしまったことを容赦してやる・許してやる」

　［例］Tom did not forgive me for making his sister cry.

　　　　「トムはぼくが妹を泣かしたことを許してくれなかった」

　④「（上の者が下の者に対して）〜に賛成する・認める」

　［例］My boss did not approve of my plans.

　　　　「うちの上司は私の計画を認めなかった」

✔ 「遅刻する」は？ ━━━━━━━

be late を用います。late は形容詞なので be 動詞が必要です。「〜分遅刻する」なら be 〜 minutes late とします。

Even though I apologized to Jill for being late, she did not forgive me.

✔「人に～のことを謝る」は？

〈apologize to ＋人 for ～〉を用います。この for は「理由」を表します。この for を使う場合には動詞に制限があります。その中でも英作文で使えそうな表現は次のものです。

　　① 「ほめる」　　　　praise 人 for ～
　　② 「けなす」　　　　criticize 人 for ～
　　③ 「罰する」　　　　punish 人 for ～
　　④ 「叱る」　　　　　tell 人 off ／ off 人 for ～
　　⑤ 「感謝する」　　　thank 人 for ～
　　⑥ 「感謝している」　be grateful to 人 for ～

★東大に挑戦！

問23： (b) が (a) の要約になるよう、空所に適語を 1 語入れよ。

　(a) "It's no use pretending to be innocent, Susan. I know you've been going out with other boys behind my back," David said.

　(b) David (　　) Susan of going out with other boys behind his back.

【ヒント】「しらを切ろうとしても無駄だ。こっそり他の男たちとデートしていたのはわかっているんだ」から「責めた」が適切。blame や scold や criticize は、〈ＳＶＯ for ＋理由〉で用いるので不可。of を伴う「～を非難する」という動詞は 1 つしかありません。

**3日前、スマホを落として画面が粉々に割れてしまった。
保険に入ってなかったことを後悔した。**

✔「後悔する」は？━━━━━━━━━━━━━━━━━━━━━━━

　①「〜したことを後悔する」

　　➔〈S　regret that　S V〉〈S　regret（V）ing〉

　②「〜しなかったことを後悔する」

　　➔〈S　regret that　S　did not V〉〈S　regret not（V）ing〉

　日本語では「すべきだったと後悔する」と言うこともあります
が、英語では明確に「あることをしてしまったことを後悔する」
あるいは「あることをしなかったことを後悔する」とします。

〈S　should have ＋過去分詞形〉「〜すべきだったのに」を用い
ても後悔の気持ちを表すことができます。また、この表現だけで
後悔の気持ちを表すので regret と組み合わせるのは間違いです。

　本文では「後悔した」が過去形ですから、regret that　S V を用
いる場合には「保険に入ってなかったこと」は過去完了形になる
ことに注意してください。

✔「〜を落とす」は？━━━━━━━━━━━━━━━━━━━━━

　文字どおり、「（地面などに）〜を落とす」は drop 〜を使いま
す。「〜を失う」の意味なら lose 〜です。

［例］I lost my smartphone somewhere.

　　　「スマホをどこかで落とした」

Three days ago, I dropped my smartphone and its screen smashed into thousands of pieces. I regretted not buying insurance for it.

✔ 「粉々に割れる」は？
〈smash [break] into (thousands of) pieces〉とします。thousands of は誇張した表現です。smash は「激しく割れる」の意味です。「ひびが入る」なら crack とします。

✔ 「(〜の)保険に入る」は？
〈buy insurance (for 〜)〉です。日本語では「入る」ですが、英語では *buy* [*take out*] 〜となります。なお insurance は不可算名詞です。「生命保険」は life insurance、「医療保険」は medical insurance と言います。

東大に挑戦！

問24：次の文には、文法または語法上の誤りが 1 ヵ所ある。それを訂正せよ。

Early in the century most of settlers in the region died from a disease common among the native inhabitants.

【ヒント】 most of ＋特定の名詞（the settlers／us／my students）。most ＋冠詞のつかない複数名詞。「その地域に住みついた人」で特定化。

毎日、家事がとても忙しく、映画を観に行く暇がない。

114

✔「とても〜なので…」は？

〈so 〜 that ...〉の構文を用います。so は副詞ですから「〜」の部分には形容詞か副詞が入ります。

［例］I'm so sleepy now that I cannot concentrate.

「今は眠くて集中できない」

これをふつうの文で書くと I am very sleepy now, and I cannot concentrate. となり、これでも十分に通じる英語です。

✔「〜する暇がない」は？

〈have no time to（V）〉を用います。逆に「暇がある」なら have（the）time to（V）となります。time は「時間」の意味では不可算名詞ですから a をつけたり複数形にしたりしません。ただし have a good time「楽しい時を過ごす」や it will be a long time「時間がかかるだろう」などのように形容詞がついた場合には、time が特定化されて a がつきます。「漠然とした時間」にくらべて「楽しい／長い（などの範囲の決まった）時間」は特定化されて、a がつくわけです。

✔「毎日」は？

every day と離します。everyday とくっつけると形容詞です。

I'm so busy with the housework every day that I have no time to see a movie.

✔「家事」は？ ▰▰▰▰▰▰▰▰▰▰▰▰▰▰▰▰

the housework を用います。「(私がする) 家事」なので the を
つけます。なお「家事をする」は〈do (the) housework〉とし
ます。work は基本的に不可算名詞ですから、その複合語である
housework「家事」も homework「宿題」も不可算名詞の扱いと
なります。ただし literary works「文学作品」や fireworks「花
火」など work が「作品」の意味で用いられるときには可算名詞
の扱いとなります。

✔「〜で忙しい」は？ ▰▰▰▰▰▰▰▰▰▰▰▰▰▰

「〜で忙しい」は、〈be busy with ＋名詞〉を用います。また、
「〜するのに忙しい」と言う場合は、〈be busy (V)ing〉としま
す。これはもともと be busy in (V)ing と言ったのですが、現在
では、ほとんどの場合 in が省かれます。

✔「映画を観に行く」は？ ▰▰▰▰▰▰▰▰▰▰

厳密には go to see a movie あるいは熟語的な表現で go to the
movies です。ここでは、「行く」を省いて〈see a movie〉でも可
です。なお、スマホや DVD などで「映画を見る」なら〈watch
a movie〉となります。

この木の机は重いので私1人では2階まで運べない。

✔「とても～なので…できない」は？

〈too ～ for 人 to ...〉を用います。この構文を直訳すると「人が…するには～すぎる」です。この構文に出てくる too を very の強調と思っている人が多いですが、そうではありません。too は「やりすぎ・行きすぎ」を表す副詞です。たとえば I was very late. と言えば、遅刻はしたけど間に合っている感じがしますが、I was too late. と言えば、たとえ遅れたのが1分だとしても間に合っていません。ですから too は「～しすぎ」という感じをつかむことが重要なのです。

もう1つ重要なことは、This desk is too heavy for me to carry it. とはしないことです。このように「to（Ⅴ）の目的語が文の主語に一致するときには、to（Ⅴ）の目的語を省略する」と覚えておいてください。この文を so ～ that を用いて書くと次のようになりますが、わざわざ語数の多い文を作るのは避けてください。

This wooden desk is so heavy that I cannot carry it upstairs by myself.

✔「私1人で」は？

by myself「私1人で、独力で」を用います。ただしここでは文脈上明らかなので、省略してもかまいません。

This wooden desk is too heavy for me to carry upstairs by myself.

for oneself「自分で、自分のために」は、think／decide／judge／cook などの特定の動詞と共に使われます。本文では使えません。

✔「2階へ～を運ぶ」は？

carry ～「～を運ぶ」、put ～「～を置く」、bring ～「～を持ってくる」という類の動詞は「どこへ？」を明示してください。「2階へ」は副詞の upstairs「上へ」で十分です。a stair は「階段の段の1つ」ですから stairs と複数形になっていることに注意してください。「2階へ」を正確に言うと to the second floor となりますが、ほとんどの家がせいぜい2階建てであることを考えれば、日常会話では upstairs で十分です。

問25：次の文には、文法または語法上の誤りが1ヵ所ある。それを訂正せよ。

One way to deal with the problems were to be suggested by the committee.

【ヒント】 文意は「その問題を解決するための方法の1つが委員会によって提案されることになっていた」。主語は one way と単数形ですから、動詞に注目してください。

ヨーロッパ旅行中、どこの国に行っても多くの日本人旅行者に出会うのでうんざりしました。

✔ 「〜でうんざりする」は？

〈get sick（and tired）of 〜〉を用います。もし〜に文をもってきたい場合には、that S V とします。

もし間接的に伝え聞いた理由を表現したければ〈感情表現＋ to hear ／ to learn that S V〉とします。

[例] I was surprised to hear that very few had been at the party.
「そのパーティーの出席者がわずかだったと聞いて驚いた」

✔ 「どこの国に行っても」は？

〈wherever S V〉あるいは〈whatever country S V〉を用います。元々 ever は、強調の働きだったのですが、今では wherever や whatever で 1 つの単語として扱います。〈wherever S V〉とほぼ同じ意味の口語的な表現として、〈no matter where S V〉「どこでS Vするかは重要ではない」➡「どこでS Vしても」があります。同様に whatever は no matter what で置き換え可能です。どちらを使ってもかまいません。

ただ「どこの国」という日本語にひきずられて wherever country としてはいけません。wherever は where と同様に、後ろに名詞を従える形容詞的な用法はありません。

While traveling in Europe, I got sick and tired of seeing so many Japanese tourists wherever I went.

✔「ヨーロッパ旅行中」は？

while I was traveling in Europe あるいは簡潔に while traveling in Europe とします。前置詞の during 〜「〜の間は」は後に動名詞を置くことはできませんから during traveling は不可です。

✔「多くの日本人旅行者に出会う」は？

see（so）many Japanese tourists「（あれほど）多くの日本人旅行者を見かける」とします。*encounter*［*come across*］（so）many Japanese tourists「（あれほど）多くの日本人旅行者に遭遇する」でもいいでしょう。ちなみに、「団体で旅行する」は travel in a group ／ in groups となります。

東大に挑戦！

問26：次の文には、文法または語法上の誤りが1ヵ所ある。それを訂正せよ。

I cannot exempt you from these regulations, whatever pressure you put me to do so.

【ヒント】 whatever pressure を元の位置に戻すと、put pressure me では文が通じません。「私に圧力をかける」の「に」を補います。

私がプレゼントしたイヤリングをして母が会社に行くの
を見て、とてもうれしかった。

✔ 「〜を見てとてもうれしかった」は？

I was very happy when I saw 〜 とするか、I was very happy
to see 〜 とします。〈感情表現＋ when 〜〉は、感情表現がどん
な場合でも使用できますから便利です。

「〜が私をとてもうれしい気分にさせた」と考えて、〜 made
me very happy とすることもできます。

〈be happy that Ｓ Ｖ〉という表現もありますが、本文のように
「見て／聞いてうれしい」という場合には使えません。052も参考
にしてください。

✔ 「私がプレゼントしたイヤリング」は？

「私が母のために買ったイヤリング」と考え the earrings（that
／ which）I had bought her とするか、「私がプレゼントとしてあ
げたイヤリング」と考え、the earrings（that ／ which）I had
given her とします。いずれの場合も過去完了形を使うことに注
意してください。「贈り物」であることを明確にするために as a
present あるいは as a gift を追加してもかまいません。なお、私
が母に買ったイヤリングは１組だけと考えるのが適切でしょうか
ら、the（pair of）earrings とします。さらに、口語では、目的格
の関係代名詞は省略するのが自然です。また、アメリカ英語では

I was very happy when I saw my mother leaving for work wearing the earrings I had bought her.

〈名詞＋(コンマなし)which 〜〉は避けられる傾向にあります。

✔「母が〜するのを見る」は？
〈see ＋O＋原形／(V)ing〉の形を用います。絶対に see (that) SV「〜がわかる」としないようにしてください。020も参照してください。

✔「会社に行く」は？
「仕事に向かうため家を出る」と考え leave (home) for work とします。go to work「仕事へ行く」を用いた場合は、本文では家の外で見かける場合も含みます。

✔「〜を身につけて」は？
wear「〜を身につけている」を用いて、wearing 〜 とします。このときに with wearing 〜 としないように注意してください。「〜を身につけて」を〈with ＋O＋on〉という形で表現することもできますが、ここではOが長すぎて適切ではありません。
[例] Tom came into my room with his overcoat on.
「トムはオーバーを着たままで私の部屋に入って来た」

学校は勉強だけを教えているところだと思うのは、学校の役割を理解していない証拠です。

✔ 「…のは〜な証拠です」は？ ▬▬▬▬▬▬▬▬▬▬

　難しい文ですから、「一般論の you」を主語に置いて書くことにします。「証拠です」は、〈If you ..., (then) this *shows* [*proves*] that 〜〉「もし…なら、それは〜を証明することになる」とします。evidence「証拠」という単語を用いてまともに書くのは困難ですから避けてください。

　「〜と思う」は、think that Ｓ Ｖ です。口語体では接続詞の that は省略可ですが、文語体では省かない方がいいでしょう。

✔ 「勉強だけを教えるところ」は？ ▬▬▬▬▬▬▬▬▬▬

　〜 are *nothing more than* [*only*] places to study「〜は勉強する場所にすぎない」とします。nothing more than 〜は「〜以上のものでない」という成句です。また「学問に関係する科目を教えるだけ」と具体化して、only teach (children) academic subjects とも言えます。「さまざまな事実や数字を詰め込む」と考え give (children) facts and figures とすることも可能です。

　余談ですが、「子供に良いマナーを教える」なら teach children good manners とするのが簡単です。ただしこの場合 manners と必ず複数形になることを忘れないでください。

If you think that schools are nothing more than places to study, then this shows that you do not understand what they are for.

✔ 「学校」に冠詞は必要？

「学校」はここでは可算名詞の扱いで、一般論ですから無冠詞複数形を用います。I graduated from high school last year.「昨年高校を卒業した」や、I walk to school.「学校に徒歩で通っている」、School begins at 8:30.「学校は8時半に始まる」といった慣用的な表現では、school は不可算名詞の扱いですが、それは例外的な用法だと覚えておいてください。

✔ 「学校の役割」は？

the real *functions*［*roles ／ purposes*］of schools と書く人は、TOEIC で900点ぐらいの実力がある人か、全然英語ができない人かどちらかでしょう。慣れない表現は避けて、疑問詞を用いることを考えます。what schools are for「学校は何のために存在するのか」ぐらいに書ければ上等です。

英作文で非常に多い間違いは、どこかで聞き覚えた「何となく知っている単語」と「何となく知っている単語」を、「日本語の論理」で「何となく」組み合わせる間違いです。「これでもいいですか？」と質問するような答案は、ほとんどの場合間違っていると思ってください。

コロナ禍では、ほとんどの人々は、大部分の時間を家の中で仕事をしたり勉強をしたりして過ごした。

✔「コロナ禍では」は？
「コロナ禍」は the COVID-19 pandemic が一般的です。COVID-19 は COrona-VIrus-Disease-2019の省略形で、pandemic は「世界的流行」の意味です。「〜では」は「〜の間」と考え during 〜を用います。

　なお「〜にかかる（＝感染する）」は be infected with 〜、「〜を消毒する」は disinfect 〜と言います。

✔「ほとんどの〜」は most か most of か？
　〜が数えられる名詞の場合には〈most ＋（冠詞などのつかない）複数形の名詞〉とします。〜が数えられない名詞の場合には〈most ＋（冠詞などのつかない）単数形の名詞〉とします。ですから「ほとんどの人々」は most people とします。

「大部分の時間」は少し難しいと思います。日本語には現れませんが「自分の時間の大部分」という意味ですから most of their time とします。これを most their time とは言いません。

　なお、「時間」はふつう不可算名詞ですから、冠詞をつけたり複数形にしたりしません。have a good time「楽しいときを過ごす」や many times「何回も」などは例外です。

During the COVID-19 pandemic, most people spent most of their time working or studying indoors.

✔ 「(時間)を〜に使う」は？

〈spend ＋時間＋（in）（V）ing〉は、時間に関係する英作文では非常に重宝する構文です。まず spend は不規則変化動詞で spend－spent－spent であることを覚えておいてください。また、現在では in（V）ing の in は省略するのがふつうです。なお〈spend ＋時間＋ to（V）〉とは言いません。これは to（V）が「これからのこと」を表すことがわかっていれば簡単なはずです。「時間を〜に使う」という場合、「時間を使っている」のと「〜している」のは同時ですから、未来を示唆する to（V）なんて絶対使えないわけです。ちなみに(V)ing の部分は、代わりに前置詞＋名詞などの副詞句でも OK です。

[例] I spent ten hours on the work.
　　「私はその仕事に10時間を費やした」

✔ 「家の中で」は？

indoors を用います。indoors は副詞で「ある建物の中で／中へ」の意味で反意語は outdoors「ある建物の外で／外へ」です。「(庭に出ることも含め)家で」と考えるなら at home を使うこともできます。なお「在宅勤務する」は work from home と言います。

日本人は、和を乱さないように自分の気持ちはできるだ
け間接的に表現するのがふつうだ。

✔ 「～しないように」は？ ━━━━━━━━━━━━━━━━━

「～するために」なら〈to（V）〉と言えますが、逆の「～しな
いために」は not to（V）とは言えません。

　ですから、「～しないために」は〈so that S will not V〉を用
いるか、「～を避けるため」と変換して〈to avoid（V）ing〉とす
ることもできます。

　また、中心の動詞が過去形の場合には、時制の一致により、so
that S would not V となることに注意してください。

[例] Natsuko covered her face with her hands so that her
　　 parents would not see her tears.

　　 「夏子は両親に涙を見られないように、顔を両手で隠した」

　なお、Take care not to catch a cold.「風邪をひかないように
注意しなさい」などにみられる、〈take care not to（V）〉はこれ
で1つの熟語的な表現ですから、例外的な存在と言えます。

〈be careful not to（V）〉も同様です。

✔ 「和を乱す」は？ ━━━━━━━━━━━━━━━━━

「（平和、静けさ、秩序など）を乱す」は disturb ～が適していま
す。「和」は「（行為、考えなどの）一致」と考えて、harmony
を使います。ここでは「自分たちが属する集団の和」と解して

Japanese people usually express their feelings as indirectly as possible to avoid disturbing the harmony of their group.

the harmony of their group とします。

✔「できるだけ間接的に」は？

「できるだけ〜」は、〈as 〜 as possible〉か、〈as 〜 as S can〉を用います。「間接的に」は indirectly です。

✔「ふつうだ」は？

usually は「（例外はあるかもしれないが）ふだんは」という意味の副詞ですから、この文に適しています。また、ここでは often「多くの場合」を使ってもよいでしょう。always は「（例外なく）いつも」ですから、この文には適しません。

東大に挑戦！

問27：次の文には、文法または語法上の誤りが1ヵ所ある。それを訂正せよ。

I intend to take an entirely different in view of philosophy.

【ヒント】 この類の問題は簡単なものしか出題されません。ただし、読解問題のつもりでやらないと意外と難しいでしょう。「〜の見方」は a view of 〜 です。

大学が真に一流かどうかは、**教員と学生の能力だけでな**
く、社会への貢献度で決まる。

✔ **難しい名詞の表現法** ━━━━━━━

「能力」「貢献度」などの難しい日本語は、無理に名詞で表そう
としてはいけません。たとえその名詞を知っていても、動詞との
組み合わせに問題が出てくる場合が多いからです。

たとえば「君の夢は理解できないよ」と言う場合、もし
understand を用いたいのであれば、その代表的な目的語である
what 節を用いて I cannot understand what you want to *be*［*do*］.
とするのが無難です。何となく understand ＋ dream などと書い
ているうちは英作文が向上することはないでしょう。

受験生の作文のミスは、このような「日本語をベースにした好
き勝手な組み合わせ」であることが原因です。適切な組み合わせ
を知らないのなら、難しい名詞は避けるのが無難です。

「教員と学生の能力」は「その（大学の）教員と学生にどれほど
の知能があるか」と変換し how intelligent its faculty and
students are とします。また、「社会への貢献度」は、「それがど
れほど社会に貢献しているのか」と変換し、how much it
contributes［*gives back*］to society とします。

✔ **「AはBによって左右される／決まる」は？** ━━━━━━━
次の2種類を覚えてください。

Whether or not a university is truly first-rate depends not only on how intelligent its faculty and students are. It also depends on how much it contributes to society.

① 「AはBによって完全に決定される」 A depend on B／
　　　　　　　　　　　　　　　　A be determined by B
② 「AはBによって影響を受ける」 　A be influenced by B
　たとえば「人間は迷信に左右されることがある」の場合には、①では大げさすぎますので②を用いて People are sometimes influenced by superstition. とします。

✔ on not only A but also B の語順でいいの？ ━━━━━━
　on not only A but also B の語順は一般的ではありません。not only on A but also on B としてください。同様に「AだけでなくBという理由で」という場合には because not only A but also B ではなくて not only because A but also because B とします。
[例] I am interested not only in chemistry but in physics.
　　「私は化学だけでなく物理にも興味を持っています」
　なお、本文は文が長すぎますので、but also B の部分を独立した文として書くのが適切です。その場合は but は不要です。

✔ 「真に一流」は？ ━━━━━━
　truly first-rate を用います。first-rate は「（大学、ホテル、レストラン、職人などが）一流の」の意味です。

大気中のCO_2の増加は、地球温暖化と密接な関連がある。

✔ 「AとBは関連がある」は？

〈A be related to B〉を用います。「関連がある」に対応する英語表現はたくさんありますが、もっとも汎用性があるのはこの表現です。なお、関連の度合いが深ければ〈A be closely related to B〉とします。

「関連性はあるが、その関連の仕方がよくわからない」という場合には〈A have something to do with B〉を用います。

[例] Tom's job seems to have something to do with movies.

「トムの仕事は映画に関連しているようだ」

また、この表現は something の代わりに nothing を用いれば「まったく関係がない」になり、little を用いれば「ほとんど関係がない」となります。さらに単に、A have to do with B「AとBは関係がある」という形でも使用できます。

✔ 「～の増加」は？

〈the increase in ～〉を用います。of ではなくて in になることに注意してください。

[例] increase in value 「価値の増加」

[例] increase in price 「価格の増加」

[例] increase in importance 「重要性の増加」

The increase in the amount of CO_2 in the atmosphere is closely related to global warming.

✔ 「大気中の CO_2」は？

CO_2は化学記号で書いても、carbon dioxide と書いてもかまいません。ただ「CO_2の増加」は「CO_2の量の増加」the increase in the amount of CO_2とするのが適切です。

✔ 「地球温暖化」は？

global warming は覚えてください。なお global warming は、うしろに problem や effect などがつく場合以外、普通 the をつけません。なお「温室効果ガス」は greenhouse gases と言います。

問28：空所に適語を入れよ。
「重傷を負った人は水を飲みたがるものだが、望むままに飲ませることはきわめて危険だ」
A seriously wounded person usually gets （ a ）, but it is very dangerous to （ b ） him drink as much as he desires.

【ヒント】 (a)「水を飲みたがる」＝「のどが渇く」(b)「飲ませる」＝「飲むのを許す」

現代文明が進めば進むほど、夜型の生活を強いられて睡眠不足になる。

✔ 主語は？

　現代人を代表して語ると考え、we が適しています。you と we の使い分けについては070を参照してください。

✔ 「〜すればするほど…」は？

〈The 比較級 , the 比較級〉を用います。この構文は「倒置形の一種」と考え、元の文を作ることが大切です。

STEP—1　元になる文を作る。このとき、必ず形容詞か副詞を伴う文にする必要がある。この構文では否定文は使えないので、「〜しなくなる」は最終的には little の比較級の less を使う。

Modern civilization advances much.

We are forced to stay up late at night.

We get little sleep.

STEP—2　比例の対象となる文中の形容詞、あるいは副詞を比較級にして the をつけ文頭に移動。

The more modern civilization advances ~~much~~.

The later we are forced to stay up ~~late~~ at night.

The less sleep we get ~~little sleep~~.

STEP—3　文頭以外の the 比較級は小文字にして文をつなぐ。

The more modern civilization advances, the later we are forced

The more modern civilization advances, the later we are forced to stay up at night, and the less sleep we get.

to stay up at night, and the less sleep we get.

✔「夜型の生活を強いられる」は？

「夜に長時間起きている」と考えると簡単です。「夜起きている」は stay up を用います。

なお、「夜型の人間」は a night person ／ a night owl、「朝型の人間」は a morning person と言うこともあります。

「強いられる」は、〈force ＋人＋ to（V）〉か〈make ＋人＋動詞の原形〉を受動態にして、be forced to（V）あるいは be made to（V）にします。be made to（V）に to が入るのは、元々〈make ＋人＋ to（V）〉だった名残です。

 東大に挑戦！

問29：次の文には、文法または語法上の誤りが１ヵ所ある。それを訂正せよ。

I would appreciate very much if you could show me how to put the machine back together.

【ヒント】 appreciate ～ は「～のよさがわかる・～を感謝する」という意味の他動詞です。よって if 節の内容を指す目的語を補う必要があります。なお、この文は丁寧な依頼表現ですからぜひ覚えておいてください。

医師と教師が似ているところは、どちらも物ではなく人を扱うところである。

✔ 「AとBは～な点で似ている」は？

〈A and B are alike in ～〉を用います。この in は「基準のin」と呼ばれるもので「どのような点で（同じあるいは違うか）」を表します。たとえば「大きさが似ている」なら be alike in size となります。

　さらに、～にＳＶがくる場合には〈in that ＳＶ〉という形を用います。

「似ている」には、他にも〈A is like B〉や〈A is similar to B〉という言い方があります。ただし、これらはAとBとを対等な関係で扱っているのではなく、Aに焦点を当てた言い方であることに注意してください。

✔ 「医師と教師」は単数形？　複数形？

　一般論を述べていますので複数形が最適です。可算名詞を一般論の主語として用いる場合は複数形にするのがふつうです。

［例］ Computers are an indispensable tool of our daily lives.

　　　「コンピュータは日常生活に不可欠な道具だ」

　この例文では主語が複数形で補語が単数形ですが、コンピュータ全体を１つの道具と考えているので問題ありません。

Doctors and teachers are alike in that both of them deal not with things but with people.

✔「〜を扱う」は treat？━━━━━━━━

　017を参照してください。deal with 〜「（厄介なもの）を扱う」あるいは help 〜「〜を助ける」が適切です。

✔「物でなく人」は？━━━━━━━━

　not A but B と deal with との組み合わせですから、deal not with things but with people となります。また、not をできるだけ文の前半に置き、do not deal with things but people とすることもあります。これと似たことが only にも当てはまります。

　I had this repaired only a few days ago.

→　I only had this repaired a few days ago.

　「ほんの数日前にこれを修理してもらった」

 東大に挑戦！

問30：次の文には、文法または語法上の誤りが 1 ヵ所ある。それを訂正せよ。

　We waited in line for two hours to get the tickets. Much in our disgust, when we reached the window, they had all been sold.

【ヒント】 to one's 感情名詞、「〜が…したことには、」

音楽の演奏はユーチューブで見るより生で見た方がはるかにいい。

✔ 比較の基本 ━━━━━━━━━━━━━━━━━━━━━━

STEP―1　元になる２文を作る。

　Musical performances are exciting live.

　They are exciting on YouTube.

STEP―2　than で２文を接続し、第１文の形容詞あるいは副詞を比較級にする。

　Musical performances are more exciting live than they are exciting on YouTube.

STEP―3　第１文で比較級にした形容詞あるいは副詞は、第２文では必ず消去する。さらに共通部分は消去してもよい。

　Musical performances are more exciting live than（they are）~~exciting~~ on YouTube.

✔ 「はるかに」は？ ━━━━━━━━━━━━━━━━━━━

　比較級を強調する副詞は far ／ a lot ／ much 「はるかに」を用います。064 も参照してください。口語では way も使われます。

✔ 「音楽の演奏」は？ ━━━━━━━━━━━━━━━━━━

　musical performances です。performance は「演技、演奏、成績」など「人が行うこと」の意味です。

Musical performances are far more exciting live than they are on YouTube.

✔ 「生で」は？
　副詞の live「ライブで、生放送で」を使います。この単語は形容詞としても使えます。発音は /laiv/ です。

✔ 「いい」は？
　次の語の使い分けに注意してください。
　① 「興味をそそる」　　interesting
　② 「興奮させる」　　　exciting
　③ 「笑わせてくれる」　amusing
　④ 「楽しい」　　　　　pleasant ／ enjoyable ／ fun
　なお「(ある活動が) 楽しい」というときには fun も使いますが、fun は不可算名詞ですから、「とても楽しい」というときには S is a lot of fun. になると覚えておいてください。現在の英語では very fun（本来は間違った言い方）もよく見かけます。

✔ 「ユーチューブで」は？
　on YouTube とします。「(コンピュータ／スマホ／ DVD) で」は on ～ とします。

このバイクは、イギリスでは日本のおよそ2倍の値段です。

✔ **倍数による比較は？**

〈倍数＋ as 〜 as〉の形を用います。米語では〈倍数＋比較級＋ than 〜〉を使うこともあります。

STEP—1　元になる2文を作る。

This motorcycle is expensive in the U.K.

It is expensive in Japan.

STEP—2　as で2文を接続し、第1文の形容詞あるいは副詞の前に as をつける。

This motorcycle is as expensive in the U.K. as it is expensive in Japan.

STEP—3　第1文で as をつけた形容詞あるいは副詞は、第2文では必ず消去する。さらに共通部分は消去してもよい。

This motorcycle is as expensive in the U.K. as（it is）~~expensive~~ in Japan.

　ただし、このような副詞句（in the U.K.）と副詞句（in Japan）の比較のときには、たとえ in が共通要素でも消去しないことに注意してください。

STEP—4　as 〜 as の前に倍数表現をつける。

This motorcycle is about twice as expensive in the U.K. as（it is）in Japan.

This motorcycle is about twice as expensive in the U.K. as it is in Japan.

✔ **倍数の表し方**

次の倍数は書けるようにしておいてください。

「0.5倍」	half	※ time は不要
「3分の1倍」	one-third	※ time は不要
「3分の2倍」	two-thirds	※ time は不要
「1.5倍」	one and a half times	
「2倍」	twice	※ two times も可
「N倍」	N times	※ N は3以上の数

✔ **「値段」は？**

① 具体的な商品名に対して

　「高い」expensive　⇔　「安い」cheap

② a price「価格」／ a charge「料金」に対して

　「高い」high　　　⇔　「安い」low

東大に挑戦！

問31：次の文には、文法または語法上の誤りが1ヵ所ある。それを訂正せよ。

The total population of the world is more than 6 billion. No one knows the exact number, as it rising constantly.

**本を読む量が減ったからといって、今の若者の知的欲求
が少なくなったということにはならない。**

✔ 「(昔にくらべて)〜しなくなった」は？ ━━━━━━━━

「現在と過去の比較」は、動詞と動詞の比較として書きます。

[例1] Akane spends more time reading than she used to.

「あかねは昔より多くの時間を読書に費やす」

[例2] Children today are more fortunate than they used to be.

「今の子供は昔より恵まれている」

この表現は、[例1] のような同一人物の場合でも [例2] の
ような異なる人物の場合でも使えます。ただ [例2] では、特に
「同一人物ではない」ことを強調したければ ... than children in
the past とすることも可能です。

また [例1] のように used to ＋一般動詞の場合は、一般動詞
を省略して used to としますが、[例2] のように used to ＋ be
動詞の場合には be 動詞は省略しないことに注意してください。

比較の基本に従って書きます。

STEP—1　元になる2文を作る。

Young people today *read few books* [*read little*].

Young people used to *read few books* [*read little*].

STEP—2　than で2文を接続し、第1文の形容詞あるいは副詞
を比較級にする。

Young people today *read fewer books* [*read less*] than young

Just because young people today read less than they used to, this does not mean that they are less eager to learn.

people used to *read few books* [*read little*].

STEP—3 第1文で比較級にした形容詞あるいは副詞は、第2文では必ず消去する。さらに共通部分は消去してもよい。

Young people today *read fewer books* [*read less*] than they used to ~~read few books~~ [~~read little~~].

なお、「今の〜」は〜 *today* [*these days*] とします。

✔ 「〜だからといって…ということにはならない」は？ ━━━━━

〈Just because 〜 , this does not (always) mean that ...〉を用います。this does not mean の代わりに it does not follow としてもかまいません。

✔ 「知的欲求が少なくなった」は？ ━━━━━

「欲求」は want で表せますが、比較級を用いるときには〈be eager to（V）〉が便利です。

[例] Allen is more eager to study now than last year.

　　「アレンは今、昨年より熱心に勉強に取り組んでいる」

　この eager と less を組み合わせて「学ぶことをしたがらなくなっている」とすれば簡単に書けます。be curious about 〜 や be interested in 〜 と less を組み合わせて書くこともできます。

率直に言って、私が昨日受けた入学試験は思っていたよりもはるかに難しかった。

142

✔ 「思っていたよりも〜」は？

〈比較級 + than + S（had）expected〉を用います。「思う」というと think を使う受験生が多いのですが、この場合は expect が適しています。なぜなら、ここでの「思う」は「そうなるであろうと思う」つまり未来のことを予想するという意味の「思う＝予測する」だからです。think には「〜になるだろうと思う」といった意味はありませんが、expect にはその意味があります。

また「難しかった」が過去ですから、それより以前の「予想した」は過去完了形が適しています。ただし過去形にしても間違いにはなりません。

なお一般論で「意外と〜」という場合には注意が必要です。たとえば、「これは意外においしいよ」は This is better than you expect. では不十分です。This is better than you might expect. が適切な文です。「一般的な人」が「これがおいしいかどうか」を習慣的に考えているというのはありえませんよね。ですから might を入れることによって「思っているとするならば」という気持ちを出すわけです。

また、「まったく予測に反して〜」ならば unexpectedly 〜 や surprisingly が使えます。

Frankly speaking, the entrance exams I took yesterday were far more difficult than I'd expected.

✔「率直に言って」は？

〈frankly speaking〉が適しています。To be honest「正直に言って」でもかまいません。

✔「私が昨日受けた入学試験」は？

「私が昨日受けた入学試験」は特定できますから、the を使います。また、「入学試験」はたいてい複数教科なので、複数形が適しています。さらに「試験」は、正式な名称を除いて、an examination ではなく an exam が一般的な言い方です。

　目的格の関係代名詞は口語的な文ではふつう省略します。

✔「はるかに」は？

　比較級を強調する副詞でよく使われるものは far ／ a lot ／ much です。これは「比較されているものの差」が大きいことを示す副詞です。なお even ／ still は「（差は少ないかもしれないが）それよりも、さらに」の意味です。

［例］Tom is far taller than you.（トム 190㎝、君 150㎝など）

　　　「トムは君よりずっと背が高い」

［例］Tom is even taller than you.（トム 190㎝、君 185㎝など）

　　　「（君も背が高いけど）トムは君よりさらに背が高い」

○ 基本動詞の確認！ ………………………………… 2

問：次の空所に適語を1語ずつ入れよ。

① Please （　　　） me some money.

「お金を貸してよ」

② Do not （　　　） your nails.

「爪をかんではいけません」

③ It must be （　　　） in mind that time is money.

「『時は金なり』ということを覚えておかねばならない」

④ It （　　　） \$20 to have this bike repaired.

「この自転車の修理代は20ドルだった」

⑤ Last year we （　　　） to the U.K. from Japan.

「昨年私たちは飛行機でイギリスへ行きました」

⑥ The typhoon （　　　） Shikoku and caused a lot of damage.

「その台風は四国に上陸し大きな被害をもたらした」

⑦ On my way home, I was （　　　） in a shower.

「家に帰る途中にわか雨にあった」

⑧ Japanese society is rapidly （　　　）.

「日本社会は急速に高齢化がすすんでいる」

⑨ Could you （　　　） out the porch?

「ポーチを掃いてくださいませんか」

⑩ In 1953 we （　　　） from the civil war to the U.S.

「1953年、われわれは内戦を避けアメリカに逃げた」

PART—3

文の組み立て

「近頃、電車の中でスマホで話す人をよく見かける」の主語は何だろう？　「私」の個人的な体験をつれづれなるままに述べたものだろうか？　それとも全世界で行われている「一般論」なのだろうか？　もしそうでなければ「日本限定の一般論」だろうか？

　一方、「近頃、電車の中で逆立ちをする人をよく見かける」ならどうだろうか？

　少なくとも「一般論」とは言えないであろう。このような問題を解決するには、まず何よりも「誰が誰に何を伝えたいのか？」を吟味した後に、文の組み立てを考えることが大切となる。

　このような主語の設定を始めとする文の組み立てを確認するのが、この PART の目標だ。

健康アプリをスマホに入れている人は多いが、十分に活用する方法を知っている人は極めて少ない。

✔ 「～な人は極めて少ない」は？

「～は多い／少ない／増えている」は、英語では主語に数量表現の形容詞をつけて表します。S are few. という言い方はふつうしないことに注意してください。「(極めて) 少ない」は、information や advice などの数えられない名詞に対しては、(very) little を用い、数えられる名詞に対しては、(very) few を用います。また (very) few を用いる場合には、「少ない／ほとんどない」と言っても、うしろに置く名詞は複数形を用いることを忘れないでください。イメージ的には単数形でもいいような気がするのですが、絶対に単数形にはしませんから要注意です。

　以上から「～な人は極めて少ない」は Very few people ～ とします。Only a few people ～ という言い方でも OK です。ここでは、「健康アプリをスマホに入れている人のうち～な人は極めて少ない」という意味ですから、very few of them もしくは only a few of them とします。

　同様に「～な人が多い」は Many [A lot of] people ～ とします。a lot of は many より口語的で、数えられない名詞に対しても使えますが、否定文では使わないことに注意してください。

　なお、people「人々」は、a person「人」の複数形と覚えておいてください。

Many people have health apps on their phone, but very few of them know how to get the most out of them.

✔「健康アプリをスマホに入れている」は？

have *a health app* ［*health apps*］ on one's phone とします。一般に「スマホ」は smartphone ですが、on one's phone では phone を用いるのが一般的です。「～アプリ」は、a(n) ～ app とします。「画像加工アプリ」なら a photo-editing app です。なお「アプリをインストールする／起動する」は install ／ start an app と言います。

✔「～を十分に活用する」は？

　動詞と副詞の組み合わせには十分注意してください。たとえば日本語の「とても努力する」は try much ではなく try hard とします。勝手な組み合わせは許されません。もし組み合わせを知らないときには副詞をつけないことがミスを防ぐポイントです。
「～を十分に活用する」は、「～から最大限のものを得る」get the most out of～ とするといいでしょう。もし use を用いるなら make full use of ～「～を十分活用する」、use ～ effectively「～を効果的に用いる」とします。

日本に来る外国人の中には映画のチケットが高すぎると不平を言う人が多い。

✔ 「日本に来る外国人の中には〜が多い」は？ ━━━━━━━

〈*Many*［*A lot of*］(foreign) visitors to Japan 〜〉とします。
「多くの〜」は、口語的な文の肯定文では a lot of 〜 が好まれます。ただし a lot of 〜 は否定文とはなじみません。

✔ 「〜と不平を言う」は？ ━━━━━━━

〈complain that S V〉を使います。また complain は〈complain about ＋ 名詞〉という形でも使えます。注意してほしいのは、「(名詞)」には具体的な内容がくるということです。

　たとえば「夫の不平を言う」は complain about their husbands では不十分です。その場合には、動詞をかえて criticize their husbands「夫の悪口を言う／批判する」とするか、complain that their husbands do not earn enough「夫の稼ぎが悪い」と具体的に述べることになります。

✔ 「映画のチケット」は？ ━━━━━━━

　a movie ticket で「1枚の映画のチケット」で、本文では一般論と考えて複数形にします。ticket は、an airline ticket「航空券」、a train ／ bus ticket「電車／バスの乗車券」、a ticket for the concert「そのコンサートのチケット」など様々な用途があります。

Many visitors to Japan complain that movie tickets are too expensive.

149

✔「高すぎる」は？

〈too expensive〉を用います。この too は「度がすぎている」という意味の副詞です。また「（物・事が）高価な」は expensive を用います。

 東大に挑戦！

問32：次の会話の内容を英語で人に伝えたい。30語（words）程度の英文にまとめよ。

夫：どうかしたの？　気分が悪そうだね。

妻：ねえハリー（Harry）、あなたのいれるコーヒーって本当にひどいわね。私、このコーヒーに砂糖を3杯入れたけど、まだまずくて飲めたものじゃないわ。

夫：君はいつも僕のいれるコーヒーに文句を言うんだね。でも今回は君のせいだよ。

妻：どうして？

夫：コーヒーに塩を入れる人間がどこにいる？

【ヒント】「ハリーの妻はハリーのつくるコーヒーにいつも文句を言っているが、今回はハリーの妻に責任がある。なぜならばコーヒーに砂糖の代わりに塩を入れたからだ」という内容に仕立てます。「責任がある」は、be responsible for ～／be to blame を用います。

世界には多くの食糧が浪費されている国もあれば、何万人もの子供が餓死している国もある。

✔「〜な国もあれば…な国もある」は？

　母集団が大きくて、その中に「〜なものもいるが…なものもいる」という場合は、〈some 〜 , and others ...〉とします。母集団が小さくて全体像が把握できている場合には、〈some 〜 , and the others ...〉としますが、あまり使われる表現ではありません。

　また、これは必ずしも主語に用いる必要はありません。本文では some countries を主語で用いるより、in some countries とした方が書きやすくなります。

　さらに、本文では対比として and の代わりに while を用いています。

✔「何万人もの」は？

　2000は two thousand で thousand に s はつきません。300は three hundred で hundred に s はつきません。ところが「何千もの〜」というときには thousands of 〜 と s がつきます。まずこのことに注意してください。

　次に「 1 万」は ten thousand で、「10万」は one hundred thousand ですね。ですから「何万もの〜」なら tens of thousands of 〜 と言えばいいわけです。「何十万もの」は hundreds of thousands of 〜 となります。

In some countries a great deal of food is wasted, while in others tens of thousands of children are starving.

✔ 「多くの食糧が浪費されている」は？

a great deal of [*a large amount of*／*a lot of*] food is (being) wasted とします。deal は「取引」が原義で、a great deal で「大きな取引」＝「大量」となりました。

✔ 「餓死している」は？

starve で「飢え死にする」という意味ですから、starve to death とまで言う必要はありません。また、「この瞬間も餓死者がでている」という動きを強調するために現在進行形にします。

なお、口語で be starving は「おなかがぺこぺこだ」の意味でも使うことに注意してください。「飢え死にする」は die of *hunger* [*starvation*] も可です。

 東大に挑戦！

問33：次の文には、文法または語法上の誤りが1ヵ所ある。それを訂正せよ。

Many of the most densely populated countries are Europe and Asia.

【ヒント】 補語が国名なら問題ありませんが、ヨーロッパやアジアは国名ではありません。

寝る前に必ずエアコンを消しなさい。さもないと体調を崩すかもしれないよ。

✔「必ず〜する」は？
「必ず〜する」とは「〜することを忘れない」です。そして「〜すること」は何度も書いたとおり未来の表現ですから to 不定詞を用いることになります。〈Do not forget to（V）〉の代わりに〈Remember to（V）〉と言ってもかまいません。

なお〈forget +（V）ing〉という表現は〈will not forget（V）ing〉「〜したことを忘れない」以外にはほとんど使いません。

✔「〜しなさい。さもないとSV」は？
〈命令文, or S V〉の形を用います。

✔「寝る」は？
「寝る」に対する表現は、go to bed「ベッドに入る」と go to sleep「眠りにつく」と get to sleep「（困難の中）なんとか眠りにつく」が考えられますが、ここでは go to bed を用います。

✔「エアコン」は？
an air conditioner です。状況から特定できるエアコンですから the をつけて用います。省略の類例として「リモコン」は a remote *control*［*controller*］、「デパート」は a department store です。

Don't forget to turn off the air conditioner before you go to bed, or you might come down with something.

✔「～を消す」は？

〈turn ～ off／turn off ～〉もしくは〈switch ～ off／switch off ～〉を使います。ただし～に代名詞がくるときには、*turn* [*switch*]～ off の語順しか使えません。

〈turn ～ off／turn off ～〉は、「（電源）を切る」以外に「（ガス、水道）を止める」でも使うことができます。

✔「体調を崩す」は？

〈come down with something〉を用います。「漠然と体調が悪い」場合は something ですが、その代わりに比較的軽い病気の a cold「風邪」、a stomachache「腹痛」なども使えます。

　一般に「（病気）～にかかる」は get を使います。たとえば「肺炎になる」なら get pneumonia となります。

東大に挑戦！

問34：次の空所に適語を1語入れよ。

　"Where are we going?" I asked. He did not reply, which was his way of telling me to (　　) my own business.

【ヒント】(　　) your own business. で「人のことに口出しするな」の意味。

笑顔は人間関係の潤滑油だ。

✔ 「笑顔」は？

smiling「微笑むこと」とします。laughing「笑うこと、バカにすること」とは区別してください。

✔ 「〜は…の潤滑油だ」は？

「〜は私たち［あなた］が…するのに役立つ」と解して〜 helps us［you］（V)... とします。be effective in（V)ing「〜において効果的だ」でも OK です。なお、help の用法には注意してください。

○ Helen helped（me）with my homework.

× Helen helped my homework.

× Helen helped me with completing my homework.

○ Helen helped（me）（to）complete my homework.

日本語では「私の宿題を手伝う」と言いますが、英語では help my homework とは言えないことに気をつけてください。

✔ 「人間関係」は？

「ある 1 人の人との関係」は a relationship を使います。

ここでは「周りの人々との関係」と解して、relationships with those around us とします。なお似た語の relations は、diplomatic relations with the U.S.「アメリカとの外交関係」といった国と国

Smiling helps us build good relationships with those around us.

との関係でよく使われます。

　本文では「周りの人々との良い関係を築く」と考え、build good relationships with those around us としています。build は、develop 〜「〜を発展させる」、maintain 〜「〜を維持する」、establish 〜「〜を確立する」でも OK です。

　なお、get along with 〜「（反りが合わない人など）にうまく合わせてつきあう」を使うことも可能です。

東大に挑戦！

問35：次の英文の空所にそれぞれ指定の文字で始まる適語を1語入れよ。

(a) The negotiations (l-　) for six days, but the representatives could not arrive at any agreement.

(b) He entered the room suddenly and surprised me while I was (l-　) on the sofa.

(c) The common cold is the most (p-　) disease during the winter months.

【ヒント】 (a)「交渉は6日続いたが、合意に達することはできなかった」(b)「彼は急に部屋に入って来て、私がソファで寝ているときに私をびっくりさせた」(c)「普通の風邪は、冬の数ヵ月の間もっとも流行する病気である」

SNS では、世界中の人々と年齢や性別や国籍の違いを超えて意見の交換ができる。

✔ 一般論の主語は？

　一般論の主語には you を用います。日本語では「われわれ／私たち」をよく用いますが、英語で we を用いるのは、

　　① 「人類で置き換えてもいいような地球規模の一般論と筆者
　　　　（話者）が考えている場合」
　　② 「ある集団を代表して語る場合」

に限られます。ですから、たとえ日本語で「われわれは」と書いてある場合でも you を用いないと不自然になることも多いわけです。また、日本人は「最近携帯電話で話す人をよく見る」を英語にする場合、I を主語にしてしまいますが、これは間違い。文の内容が一般論である以上、主語は you を用いて These days you often see people talking on the cell phone. とするべきです。

　なお、本文は「（過去に対して現在の）私たち」、つまり「現代人」という集団を代表して語るつもりで we を用います。

✔ 「意見の交換をする」は？

〈share thoughts and ideas〉がよく用いられます。thoughts と ideas はどちらか１つでも間違いではありませんが、「意見」＝「考えていることやちょっとしたアイデア」と幅広く表現する方が明確に伝わります。

On social media, we can share thoughts and ideas with people all over the world, regardless of age, gender, or nationality.

✔ 「年齢や性別や国籍の違いを超えて」は？

〈regardless of（one's）age, gender, or nationality〉を用います。regard は元は「見る」という意味ですから、否定の接尾辞 less がついて「〜を見ない」となり、そこから「〜を見ないで」→「〜と無関係に」という意味になります。regardless of の後にくる名詞は、無冠詞の単数形で OK です。また「A や B や C」は、「A あるいは B あるいは C」と考えて、A, B, or C とします。

sex は「(生物学的な) 性」で、gender は「社会的・文化的な性」のことです。

なお LGBTQ は、Lesbian「女性同性愛者」、Gay「男性同性愛者」、Bisexual「両性愛者」、Transgender「性自認が出生時に割り当てられた性別と異なること」、Questioning ／ Queer「性のあり方について特定の枠に属さない人」のことです。

✔ 「SNS で」は？

日本語の SNS は英語では social media とするのがふつうです。「SNS では」は「SNS 上では」と考え、on social media とします。*on the Internet*［*online* ／ × *on the online*］と同系です。

［例］The video spread on social media.
　　　「その動画は SNS で拡散した」

いくら運動しても、カロリー計算をしていないと減量は
無理だよ。

✔ **主語は？** ━━━━━━━━━━━━━━━━━━━━━━━━━━
一般論ですから you を用います。

✔ **「いくら〜しても」は？** ━━━━━━━━━━━━━━━━━━
〈however ／ no matter how ＋形容詞／副詞＋ S（may）V〉の
形を用います。中学のときに習った How old are you?「いくつ
ですか?」というのを思い出してください。これに強調の ever
がついた形が however old you are です。however old you are を
no matter how old you are と言うこともあります。これは no
matter「問題ではないこと」＋ how old you are「君がいくつか」
からできた熟語的表現です。主に口語的な表現です。

よくある間違いは、*however* [*no matter how*] you are old とし
てしまうことです。How old are you? の how と old を離せない
のと同様に、*however* [*no matter how*] と old を離してはいけま
せん。本文では you get much exercise から *however* [*no matter
how*] much exercise you get とすればよいわけです。また、次の
例のように *however*[*no matter how*]の後には副詞でも OK です。

[例] *However* [*no matter how*] fast we ran, we could not catch
up with Tom.
「どんなに速く走ってもトムには追いつけなかった」

No matter how much exercise you get, you won't lose weight unless you count your calories.

✔「減量する」は？

lose weight とします。lose your weight とすると「全体重がなくなる」という意味になってしまいます。逆に「太る」は gain weight あるいは put on weight とします。もし具体的に「〜 kg 太った」と言いたいときには gain 〜 kilograms とします。

「体重を量る」は check one's weight で、「体重に気をつける」なら watch one's weight と言います。一緒に覚えておいてください。

✔「〜していないと」は？

〈unless　S V〉を用います。unless S V は「S V の場合を除いて」という意味で、if S not V「もし S が V しないならば」と少し違います。本文では交換可能です。

問36：空所に m から始まる適語を 1 語入れよ。

It is about time that his demands were（　　）.

【ヒント】「要求を満たす」の「満たす」。

Dragon English 072

意味を知っているつもりの単語でも、辞書で調べてみると新たな発見があるものだ。

✔「辞書で～を調べる」は？

〈look ～ up in *the* ［*your/a*］ dictionary〉を用います。この熟語では look は他動詞の扱いなので、代名詞を目的語に置くときには look up it ではなくて look it up の語順になります。一般に、〈他動詞＋副詞〉の熟語の場合には、目的語に代名詞を置くときには必ず〈他動詞＋代名詞＋副詞〉としなければなりません。

［例］I will pick you up at the station.

　　　「駅まで車で迎えに行くよ」

　look up a word の代わりに examine a word とすると、「単語の語源などを調査する」という意味になってしまい不適切です。なお consult *the*［*your*］dictionary を使う場合、目的語は dictionary になります。

✔「意味を知っているつもりの単語」は？

「ある単語を知っていると思っていても」と考えて、Although you might think（that）you know a word とします。「ある単語の意味を知っている」を直訳すると know the meaning(s) of a word となりますが、know a word で十分その意味を表すことができます。

　なお、日本語に忠実な英語にして、a word（that／which）

Although you might think that you know a word, there is something new to learn if you look it up in the dictionary.

you believe you know「知っていると信じている単語」とすることも可能です。

✔「新たな発見がある」は？

「新たな発見がある」とは「学ぶべき新しいものがある」ということですから、there is something new to learn とします。new の部分を「以前は知らなかった」として something you have not known before とすることも可能です。「発見」にこだわって英訳すると、make new discoveries あるいは discover something new となります。

　また、you learn something new とすることも可能です。

東大に挑戦！

問37：空所に適語を1語入れよ。

"When you come across words you don't know while reading, try to guess their meanings from the context."

"But what （　）there are too many of them?"

【ヒント】〈What（　）S V?〉で「S V ならどうすればいいの？」という意味です。これは what should I do（　）S V? の省略形と考えておけばいいと思います。

日本人観光客の中には、非常識にも多額の現金をズボンの後ろのポケットに入れて持ち歩く者がいる。

✔ 「日本人観光客の中には〜な者がいる」は？

some Japanese tourists 〜 とします。some <u>of</u> Japanese tourists としないように注意してください。004を参照してください。

✔ 「常識」は？

日本語の「常識」は注意が必要です。文脈を考えて「何を伝えるべきか」を考えたのちに英語にするようにしてください。

　①「よく知られている」

　[例] It is well-known that a balanced diet is good for your health.

　　　「バランスのとれた食事が身体に良いのは常識だ」

　②「分別（＝物事の善し悪しを判断できること）」

　[例] Many young people do not have enough common sense.

　　　「常識のない若者が多い」

「〜しないだけの常識を持つ」なら have enough common sense not to 〜 とすれば OK です。なお sense の綴りを間違って sence とする人が多いので注意してください。

　本文の「非常識なことに〜する」は「分別を持たずに〜する」と簡単に考えて、*lack*［*do not have enough*］common sense and 〜 とします。

Some Japanese tourists lack common sense and carry large amounts of cash in their back pockets.

✔「現金」は？ ━━━━━━━━━━━━━━━━

cash を用います。これは不可算名詞ですから複数形にはしません。本文では主語が複数形で、それぞれの持つ現金の量は人によりさまざまなので、large amounts of cash としています。なお、「現金で支払う」は pay *in*［*by*］cash です。海外で「（クレジット）カード」を使うときに card と言っても通じません。きちんと a credit card と言わなければなりません。

［例］"May I use a credit card? ／ Do you accept credit cards?"
「カードは使えますか？」

✔「～を…に入れて持ち歩く」は？ ━━━━━━━━━

carry ～ in ... とします。「持ち歩く」と聞いてパッと carry が思い浮かぶ受験生は少ないので要注意単語です。「～を携帯する」ときには carry ～ だと覚えておいてください。

✔「ズボンの後ろのポケット」は？ ━━━━━━━━━

one's back pocket(s) と言います。簡単そうで難しいですね。

健康を維持する秘訣は、バランスのとれた食事をし定期的に運動することです。

✔ 主語は？

一般論ですから you が適しています。自分の特殊な体験を述べて「私の健康の秘訣は〜」という文脈なら I が主語になります。

✔ 「〜の秘訣は…」は？

〈the key to (V)ing is ...〉〈the secret of (V)ing is ...〉という表現も可能ですが、「〜するためには…すればよい」と考えて書けば簡単です。本文は「健康を維持するためには、バランスのとれた食事をして定期的に運動することが大切です」などと言い換えれば難しくないですね。

✔ 「健康を維持する」は？

「健康を保つ」は 〈stay [keep] healthy〉が一般的な表現ですから覚えてください。なお、〈keep fit〉「体調を維持する」と言うこともできます。また、やや硬い表現ですが、〈maintain one's health〉も可です。

「〜は健康によい」という場合には 〈〜 be good for one's health〉と言いますので一緒に覚えておいてください。

[例] Walking is good *for your health* [× *for health*].
「歩くことは健康によい」

In order to stay healthy, you should have a balanced diet and get regular exercise.

✔「定期的に運動する」は？ ▬▬▬▬▬▬▬▬

get regular exercise とします（イギリス英語では get は take とします）。〈*get*［*take*］exercise〉とは、散歩などの軽い運動のことを指し、いわゆるエクササイズではありません。「屈伸運動をする」などの本格的な運動の場合は、do を使い必ず具体的運動名を入れて、do stretching exercises とします。

✔「バランスのとれた食事」は？ ▬▬▬▬▬▬▬▬

a balanced diet ／ a well-balanced diet が定型表現です。a diet は「（日常の）食べ物」の意味で用います。a low-fat diet といえば「低脂肪食」のことで、a vegan diet は「ビーガン（完全菜食主義者）食」の意味です。

「ダイエットする／している」は、go ／ be on a diet です。

問38：空所に d から始まる適語を 1 語入れよ。

You need reliable material on which to base your study, as the value of your study is（　　）, first of all, on the value of your material.

発展途上国でしばらく暮らしてみることは、日本を違った角度から見直すよい機会になる。

✔ 主語は？

　一般論と考えて you を選択します。ただ、より厳密に言えば、この文の内容は日本人以外には成立しません。よって、この文を客観的事実ととらえ、いわば日本人論の一節と考えるなら Japanese people が主語となります。

　もし日本人の若者に対して誰かが語っていると考えるならば you を主語とするのが自然でしょう。さらにその場合は、「〜する人は」と考え Those who 〜 や Anyone who 〜 を主語に置くこともできます。結局、「誰が誰に伝えるか」を意識しないで文を書くことは、不可能なだけでなく意味がないということなのです。

✔「発展途上国でしばらく暮らす」は？

　「しばらく」は for a while とします。「暮らす」は stay より live が適しています。「発展途上国」は a developing country とします。日本を見直すには「ある１つの発展途上国」だけで十分と考えて単数形を用いていますが、複数形でも OK です。

✔「〜を…な角度から見る」は？

　look at 〜 from a ... point of view で暗記してください。応用範囲が広い表現です。たとえば「視点を変える」と言いたいとき

If you live in a developing country for a while, you gain an opportunity to look at Japan from a different point of view.

には look at things *from a different point of view*［*from another point of view*］とすればいいわけです。

　point of view は、viewpoint や perspective で置き換え可能です。

✔ 「〜する機会になる」は？

gain ／ have an opportunity to（Ｖ）「Ｖ の機会を得る／持つ」がもっとも一般的な表現です。冠詞が a ではなくて an であること、opportunity は port「港」を語源に持つ単語ですから oppotunity は間違いであること、に注意してください。なお an opportunity を a chance にすると口語的な表現になります。

東大に挑戦！

問39：もっとも自然な英文になるように、ア〜エの選択肢に他の英語１語を補って並べ換えよ。

I can't get into my room. I was（　　）（　　）to（　　）（　　）（　　）.

　ア enough　　イ lock　　ウ out　　エ stupid

【ヒント】「部屋に入れない」「馬鹿だ」から「部屋に鍵を忘れた」とわかります。lock（　　）out で「鍵をして自らを閉め出す」➜「部屋に鍵を忘れる」という頻出表現です。enough は形容詞の後に置くことも注意してください。

外国に行って初めて、日本の大都市のネオンの多さに気づく。

✔ **主語は？**

これも075と同様に、Japanese people か you を選択します。

✔ **「〜して初めて…」は？**

〈It is not until 〜 that ...〉をぜひ覚えてください。これは It is ...that の形の強調構文で、本文を強調構文を使わずに書くと次のようになります。You do not realize just how many neon lights there are in big Japanese cities until you go abroad.「外国に行くまで日本の大都市のネオンの多さに気がつかない」

この構文は〈It is only after 〜 that ...〉と書いても同じ意味になります。本文を書き換えると、It is only after you go abroad that you realize just how many neon lights there are in big Japanese cities. となります。

✔ **「〜に気がつく」は？**

目的語に that 節や疑問詞節を従えるときは realize「〜を（実感として）よくわかる」が便利です。「本当に日本はネオンが多いな〜」としみじみわかるという意味です。notice 〜「目で見て気づいている、気づく」は本文では使えますが、「彼女を愛していないことに気づいた」のような目で見てわからない文では使え

It is not until you go abroad that you realize just how many neon lights there are in big Japanese cities.

ません。

なお、find out that 節／疑問詞節は、「(外からの情報により)〜がわかる」の意味で、本文で使用可能です。

✔「都市」は？ ▬▬▬▬▬▬▬

一般に「都会」は a city です。「都会に住む」なら live in a city とします。ただし「田舎」the [× a] country と対比的に用いるときは the をつけて the city とすることも可能です。

✔「日本の大都市」の語順は？ ▬▬▬▬▬▬▬

形容詞の順序は、どの言語を話すときでも「思いついた順」が基本です。ところが英作文では1つだけ注意することがあります。それは「主観的形容詞」➡「客観的形容詞」の順序になるということです。

たとえば「日本の大都市」の、「大きな」は人によって定義にばらつきがありそうですから「主観的形容詞」です。ところが「日本の」は誰が見ても「日本の」でしょうから「客観的形容詞」です。つまり、big「主観的形容詞」➡Japanese「客観的形容詞」の語順になります。対比などの特殊な場合を除いては Japanese big cities の順にはしないように気をつけてください。

英語を話せさえすれば国際人になれると勘違いしている
日本人が多いのは残念だ。

✔「〜さえすれば…できる」は？

〈(in order) to (V'), all S *need* [*have*] to do is (to) 〜〉を用
います。直訳すると「(V')するために、Sがする必要のあるすべ
ては〜だ」ですが、意訳すると上記の訳になります。

[例] To use this computer, all you need to do is (to) push this button.
　　　「このコンピュータを使うためには、このボタンを押すだけ
　　　で OK です」

　この文の all は名詞で「すべてのもの」の意味で、直後に目的
格の関係代名詞 that が省略されています。また、この文のよう
に主部に do を含んで S is to V. となっている場合、to を省略す
ることが可能です。

　「〜さえすればよい」は、you *only have to* [*have only to*] (V)
も使えます。

✔「〜は残念だ」は？

〈It is a pity that S V〉を使うのが一般的です。この場合 a をつ
け忘れないように注意してください。「世の中には残念なことが
たくさんあるがそのうちの1つ」という意味で a pity になってい
るのです。It is sad that S V. も同意ですが sad は形容詞です。

　なお、口語的には〈It is a shame that S V〉とも言います。こ

It is a pity that many Japanese people mistakenly believe that in order to become global citizens, all they need to do is speak English.

の a shame は「残念なこと（の１つ）」という意味です。

✔ 「〜と勘違いしている」は？

〈mistakenly believe that Ｓ Ｖ〉で十分でしょう。説明的に書くならば、Ｓ believe that Ｓ Ｖ. However, Ｓ + be wrong. とすることもできますが、やはり mistakenly を覚えておくと便利です。例文を追加しておきます。

[例] Some people mistakenly believe that Japanese are a homogeneous people.
　　「日本人は単一民族だと勘違いしている人がいる」
　 a people は「民族、国民」の意味です。

✔ 「国際人」は？

日本語ではよく耳にする語ですが、これに対応する決まった英語表現はありません。本来なら「国際人」という言葉で何を言いたいのかを、具体的に説明するのが英語流だと思います。ただ、最近では a global citizen という表現をよく耳にします。他にも internationally-minded という形容詞も覚えておいてください。

なお、「国際都市」は an international city、「国際語」は an international language となります。

意味が通じる限り、相手の英語の発音のよしあしを気に
しないアメリカ人が多いのは驚きです。

✔「相手」は？

　一般的な「人」と考え you を用います。また、次のように「相
手」を具体的に you で表現することもあります。

［例］ When you make a speech, you should be considerate of the
　　　 people who are listening to you.
　　　「スピーチをするときには、相手の気持ちに配慮しなさい」

✔「〜を気にしない」は？

　次の使い分けが大切です。

　① do not care（about）＋疑問詞節
　② do not care about ＋名詞
　③ do not mind（V）ing／if S V

　本文の「発音のよしあし」は、「どのように英語を発音する
か」と言い換えてありますので①が使われています。なお「どれ
くらい下手に英語を発音するか」（how poor you are at speaking
English）と言い換えることも可能です。

✔「〜な限り、気にしない」は？

　〈as long as S V〉「S Vという条件なら」は、多くの場合、「〜
しても気にしない、構わない」という文脈で使われます。

It is surprising that many Americans do not care how you pronounce English as long as they can understand what you are trying to say.

✔ 「意味が通じる」は？

「意味」を主語にしてむりやり書くととんでもない文になってしまいます。「人」を主語にし、(人) understand what you want to say あるいは (人) understand what you are trying to say、(人) understand what you mean とすると簡単です。

✔ 「驚きだ」は？

客観的な描写にするには〈It is surprising that Ｓ Ｖ〉としますが、主観的な描写、つまり「人は知らないが、自分にとっては驚きだ」という文にしたければ I am surprised that Ｓ Ｖ. とすればいいでしょう。

東大に挑戦！

問40：次の文には、文法または語法上の誤りが１ヵ所ある。それを訂正せよ。

The teacher was tolerable of those who fell asleep in his class provided they did not snore.

【ヒント】 provided = if で OK。「先生は寛容だ」は？

環境を守るためにできることといったら、ゴミを減らして、できるだけ環境に優しい製品を使うことぐらいだ。

✔ **主語は？** ━━━━━━━━━

070と同様に、「現代人」という集団を代表して we を用います。you でも間違いではありません。

✔ **「～するためにできることは(せいぜい)…だ」は？** ━━━━━━━━━

〈The best thing S can do is to（V）／The best things S can do are to（V）〉を用います。最後の to（V）の to はなくても OK です。なお do the best S can「最善を尽くす」という形も使えます。

[例] It is a very tough exam, but just do the best you can!
　　「それはかなり手強い試験だが最善を尽くせ！」

✔ **「環境を守る」は？** ━━━━━━━━━

「(何かから)～を守る」なら protect ～、「(現状を維持するという意味で)～を守る」なら preserve ～ を用います。ここでは「ゴミなどから守る」という意味ですから protect ～ が適しています。「環境」は environment ですが、「地球の自然環境」という意味なので the をつけます。the natural environment と書いても OK です。

The best things we can do to protect the environment are to reduce waste and to use eco-friendly products.

✔ 「ゴミ」は？ ▬▬▬▬▬▬▬▬▬▬▬▬

この文での「ゴミ」は「廃棄物」と考え waste とします。garbage「生ゴミ」でも可です。trash「（紙くずなどの）ゴミ」、litter「（公共の場に捨てられる）ゴミ」などすべて不可算名詞です。

✔ 「ゴミを減らす」は？ ▬▬▬▬▬▬▬▬▬▬

「〜を減らす」という場合には、「〜の量を減らす」と考え reduce the amount of 〜 としても OK ですが、reduce waste だけで十分です。ただし「ゴミ（＝廃棄物）が増えた」は、× Waste has increased. とは言わずに The amount of waste has increased. となることに注意してください。

✔ 「環境に優しい製品」は？ ▬▬▬▬▬▬▬▬

〈eco-friendly 〜〉〈environmentally friendly 〜〉で熟語的な表現です。たとえば「環境に優しい石けん」なら *eco-friendly* [*environmentally friendly*] soap(s) となります。なお -ly で終わる語はふつうは副詞で、environmentally の -ly は原則どおり副詞を作る -ly ですが、friendly の -ly は形容詞を作りますので注意してください。

日本の若者の10人のうち7人は、まったく無宗教だと言われる。

✔「10人のうち7人は」は？

〈seven out of ten people〉と言います。直訳すると「10人の中からの7人」となります。これは本来は seven out of every ten people「無作為に抽出した10人の中の7人」というのが正確なのですが、実際には every をつけることはまずありません。

またこの表現は「その20人のうちの1人」one out of the twenty people のように母集団が特定されている場合にも使えます。

「10人のうち7人の若者」＝「若者の70％」と考えれば seventy percent of young people と言うこともできます。「パーセント」は「cent（＝100）に per（つき）」の意味ですから、percents にはなりません。

なお〈数字＋percent〉の形で用いる場合には、percentage「百分率」は使えません。

✔「日本の若者」は？

young Japanese people とします。076を参照してください。

✔「～と言われる」は？

〈It is said that SV〉を用います。これは「世間一般で言われている」という意味です。もう少し狭い範囲で「言われている」

It is said that seven out of ten young Japanese people do not believe in any religion.

「という話がある」という場合には People say ～. を用います。

✔ 「～を信じる」は？

〈believe in ～〉を用います。believe は他動詞だと思っている人が多いのですが、「(神様、迷信、人柄、理論などを) 信じる」は believe in～ とします。たとえば、「神を信じる」なら believe in God、「迷信を信じる」なら believe in superstition、「君の力を信じる」なら believe in you となります。よって「宗教を信じる」は believe in religion とします。

　なお、「君の言うことを信じる」は believe you とします。

　また that Ｓ Ｖ などの名詞節が目的語の場合と、it が目的語の場合には他動詞として用います。

[例] Believe it or not, this is the best I can do.

　　「信じようと信じまいと、これが僕にできる限界だ」

✔ 「宗教」は religion ？

　do not believe in religion なら「宗教 (というもの) を信じない」、do not believe in any religion なら「いかなる宗教も信じない」の意味で、どちらでも OK ですが、本文は後者を採用しています。なお「無宗教だ」は、have no religion も可です。

あいさつの仕方は国によりさまざまだが、日本では、握手よりお辞儀の方がふつうだ。

✔「…は〜によってさまざまだ」は？ ━━━━━━━

〈... vary from 〜 to 〜〉を用います。〜には無冠詞の単数形が入ることに注意してください。

[例] Tastes in music vary from person to person.

「音楽の好みは人によってさまざまだ」

〈... vary depending on 〜〉になることもあります。

[例] A good topic for conversation varies depending on the situation.

「話題というものは、その場その場に適したものがある」

次のように書くこともできます。

[例] Each person has their own taste in clothes.

「服の趣味は人によってさまざまだ」

本文の「あいさつの仕方」は、social greetings で十分ですが、ways of greeting people「人々に対するあいさつの仕方」とすることもできます。

✔「お辞儀(する)」は？ ━━━━━━━

bow が「お辞儀する」ですから、その名詞形は bowing です。この場合の bow の発音は /bau/ となります。bow は /bou/ と発音する場合は「弓」という意味です。

Social greetings vary from country to country. In Japan, bowing is more common than shaking hands.

なお、「〜にお辞儀する」は bow to 〜 となります。

✔「ふつうだ／一般的である」は？
common は「流布している」を表すときによく使う語です。

[例] Every winter, colds are common at schools.
「毎年冬になると学校で風邪がはやる」
類語の popular は「人気がある」という意味です。

✔「握手する」は？
〈shake hands〉を用います。hands と複数形にすることに注意
してください。014も参考にしてください。

東大に挑戦！

問41：次の文には、文法または語法上の誤りが1ヵ所ある。それ
を訂正せよ。

People have imagined ghosts since ancient times. They
believe that when our bodies die, our spirits live on it.

【ヒント】「人々は古代より幽霊を想像してきた」とありますから、「身体が死ん
でも魂は生き続ける」という意味だと想像できます。live on it「その上で生き
る」では意味不明です。

○ 基本動詞の確認！ ………………………… **3**

問：次の空所に適語を１語ずつ入れよ。

① Do not （　　） bad things about others behind their backs.

「陰で他人の悪口を言うな」

② The man （　　） me as strange.

「その男は奇妙だという印象を私に与えた」

③ Let's （　　） a car near the station.

「駅の近くでレンタカーを借りよう」

④ You （　　） nice in that T-shirt.

「そのTシャツ、似合うよ」

⑤ A friend of mine is looking for someone to （　　） a flat.

「友達がアパートを一緒に借りてくれる人をさがしている」

⑥ I am going to （　　） her up at Tokyo Station.

「東京駅まで僕が彼女を車で迎えに行きます」

⑦ Tom （　　） his feelings and smiled.

「トムは感情を隠してニコッと笑った」

⑧ After fighting, we （　　） hands.

「ケンカの後、握手をした」

⑨ At the moment cold air （　　） in through the window.

「その瞬間、窓から冷たい風が流れ込んだ」

⑩ I did not （　　） that.

「そんなつもりじゃなかったんです」

PART—4

その他の重要表現

　「日本の南に位置する沖縄県」と「日本の南に位置する島」は、日本語では、どちらも「日本の南に位置する」が名詞の前に置かれた前置修飾の形をとっていて表現に差はない。ところが、この２つの文を英語にする場合には異なるルールが存在する。また、「好きな人から映画に誘われるという経験」も「私が高校生であるという事実」も、日本語ではどちらも「という」で済ましてしまうが、英語ではやはり異なるルールが存在する。

　こうしたルールを覚えることが、この PART の目標だ。

金沢は、美しい景色と海産物で有名な能登半島の南にあ
ります。

✔「〜の(方角)に位置している」は？
位置関係によって次の3種類があります。
① 隣り合わせのとき
Saitama is located north of Tokyo.「埼玉は東京の北にある」
② 離れているとき
Niigata is located north of Tokyo.「新潟は東京の北にある」
※①は on the north of Tokyo、②は to the north of Tokyo の
形が正式ですが現在ではまれ。現在の英語では①と②の区
別はありません。
③ ある領域内の方角を示すとき
Aomori is located in the north of Japan.「青森は日本の北部
にある」 ※ located はなくても十分に通じます。
金沢市と能登半島の関係は上記の②にあたります。

✔「〜な能登半島」は？
固有名詞＋関係代名詞では、関係代名詞の前に必ずコンマを打
ってください。なお「能登半島」は the Noto Peninsula としま
す。また、the Tsugaru Strait「津軽海峡」、the Pacific (Ocean)
「太平洋」、the Tone River「利根川」など、「動的な水」には the
がつくと覚えておきましょう。[参考] Lake Biwa「琵琶湖」

Kanazawa is located south of the Noto Peninsula, which is famous for its beautiful scenery and delicious seafood.

✔「景色」は？

「自然の美しい景色」という意味では scenery を用います。また、これは不可算名詞であることに注意してください。なお「ある場所から見たある特定の景色」は a view を使います。

[例] We had a beautiful view of the lake from our room.

「部屋から湖の美しい景色が見えた」

一般に -y で終わる名詞は不可算名詞です。

[例] machinery「機械（全般）」、poetry「詩（というもの）」

✔「〜で有名な」は？

〈be famous for one's 〜〉を用います。one's に注意。

✔「海産物」は？

海産物を厳密に英語にするのは困難です。たとえば、「貝」について考えてみると、a shell は、貝殻あるいは甲殻のことです。a shellfish は shell を持つ魚介類ですから、貝、エビ、カニなどのことです。「海藻」に至っては seaweed「海の雑草」という語しかありません。結局、「海産物」は delicious *seafood* [*fish*]「とてもおいしい魚介類」とでもするしかありません。

なお marine products は主に「水産加工品」の意味です。

**年配の女性の中には、1人で何もすることができず妻に
しがみついて離れない夫を軽蔑する人も少なくない。**

✔ 「～な夫」は？

their husbands, who ～ とコンマ＋関係代名詞にします。

先行詞が、固有名詞／one's ＋名詞／this ＋名詞／these ＋名
詞の場合には、コンマ＋関係代名詞節（＋コンマ）という形にし
ます。

① a country（that ／ which）I have never been to
「私が行ったことのない国（のうちの1つ）」

② the country（that ／ which）I like best
「私が一番好きな（唯一の）国」

③ Japan, which is located in the east of the Asian continent,
「アジア大陸の東に位置する日本」

✔ 「年配の女性の中には～する人も少なくない」は？

「少なくない」は〈quite a few ～〉が日本語に忠実な英語です
が、a lot of ／ many ～ としてもほぼ同じ意味を表すことができ
ます。なお not a few ～ は相当堅い表現で英作文には向きませ
ん。

また、「～の中には」にこだわりすぎておかしな英文を作らな
いようにしてください。「年配の」は elderly が適しています。

[例] elderly people「年配の人々」

Quite a few elderly women look down on their husbands, who cannot do anything by themselves and are overdependent on their wives.

✔「1人で何もすることができず妻にしがみついて離れない夫」は？
「1人で」は、by oneself「ただ1人で」あるいは on one's own「ただ1人の力で」を使います。051を参照してください。

「妻にしがみついて離れない」は「妻に依存しすぎる」と考えて be overdependent on their wives とします。また、depend too much on their wives でも OK です。ask their wives to do a lot of things for them「自分のために多くのことをするように頼む」と説明的に書くことも可能です。

✔「〜を軽蔑する」は？

ここでは「自分の方が偉いと思い、相手を見下す」という意味ですから look down on 〜 が適切です。despise 〜「〜に価値がないと思い〜を嫌う」はさすがに意味が強すぎてここでは不可です。

look down on 〜 = despise 〜 や、resemble 〜「〜と似ている」＝ take after 〜「（親などの血縁者）と似ている」などのイコールで結ぶ学習は、読解のための「受動語彙」を増やすためには有効なこともありますが、英作文では害になることもあるということを覚えておいてください。

その映画館までは徒歩でおよそ20分ですが、地下鉄なら5分で行くことができます。

✔「〜するのに…かかる」は？

〈It takes ＋人＋時間＋ to（Ｖ）〉が便利です。ただし、「人」の部分を書くと「他の人は知らないが〜には…かかる」という感じになります。たとえば「車でそこへ行くには２時間かかります」を It takes you two hours to drive there. とすると「私なら１時間30分だけど君はドジだから２時間かかる」という感じになる可能性があります。ですから一般論では「人」の部分はしばしば省略されます。

　また、一般的に「〜かかります」ならば現在時制ですが、「今日は〜かかるでしょう」ならば It will take 〜. としておきます。もし「やめておいた方がいいけど、もしそうするならば」とするなら It would take 〜. となります。

〈場所＋ is ＋ a ＋数字 -hour ／ -minute ／ -night ＋ walk ／ drive ／ bus-ride ／ train-ride〉あるいは〈場所＋ is ＋数字＋時間の所有格＋ walk など〉という表現もできます。たとえば「〜は歩いて５分の所にある」なら 〜 is a five-minute walk. または〜 is five minutes' walk. となります。ハイフンでつながれた five-minute の minute に s はつけません。また five minutes' は、five minutes's から s が省かれた形です。

The movie theater is about a twenty-minute walk from here, but it takes only five minutes to get there by subway.

✔「徒歩で行く」は？

　walk to 〜 を用います。よく go to 〜 on foot と言う人がいますが、walk to 〜 の方が一般的です。同じように、特に対比を強調したくないのなら、「〜へ車で行く」は go to 〜 by car よりも drive to 〜 を使うようにしましょう。

✔「地下鉄で」は？

　〈by ＋交通・通信手段〉の場合には、冠詞や my などの所有格を絶対につけてはいけません。たとえば by car を by a car とか by his car とするのは不可です。もし「彼の車で」なら in his car とします。

　類例として「列車で」なら by train、「手書きで」なら by hand、「電話で」なら by phone とします。

 ＊東大に挑戦！

問42：次の文には、文法または語法上の誤りが1ヵ所ある。それを訂正せよ。

By the time the messenger arrives, the gate will have been opened to let in him.

この自転車を修理してもらうのに1万円かかりました。

✔ 「〜かかりました」は？

〈It cost ＋人＋お金＋ to（V）〉を用います。まず cost の変化形が cost‒cost‒cost となることに注意してください。「人」にあたる部分は、一般論ではしばしば省略されます。もし書くと、「（他の人は知らないけど）私の場合は〜かかった」という感じになります。

✔ 「〜してもらう」は？

〈S ＋ have ＋目的語＋過去分詞形〉を用います。have については次の2点を押さえておいてください。

①「誰かに合意のうえで何かをしてもらう／させる」ときに用います。よって「教師が生徒に宿題をやらせる」や「ウエイトレスに水を持ってきてもらう」といった、相手が納得してするような行為に対して使います。同じ「させる」でも「教師が生徒に無茶な量の宿題をさせる」「ウエイトレスに肩をもませる」など、相手が納得できないことに対しては make を使うことになります。

② have this bike repaired の場合には、this bike is repaired の受動態が成立することを確認しておいてください。

なお、bike は bicycle の口語表現です。日本語のバイクは motorcycle ／ motorbike を指しますので注意してください。

It cost me ten thousand yen to have this bike repaired.

✔ 「1万円」は？

　英語では、1000以上の数字は、末位から3桁ずつの単位に区切って読みます。たとえば 63,000 なら 63×1,000 と考えて sixty-three thousand とします。23,050,200 なら 23×1,000,000＋50×1,000＋200 と考えて twenty-three million fifty thousand and two hundred となります。このとき million や thousand を複数形にしないように注意してください。

　リスニングの試験などで twenty million と聞こえたときには、いちいち日本語で「2000万」だ、と変換している時間などありませんから、twenty million＝20,000,000 だとわかるように訓練しておいてください。

　本文では、「1万円」＝10×1,000 で ten thousand yen です。

✔ 「修理する」は？

「(車や電化製品など) 〜を修理する」	repair 〜
「(服やフェンスや壁など) 〜を修理する」	mend 〜
「(髪) 〜を直す」	fix 〜
「(文や発音) 〜を訂正する」	correct 〜

　アメリカ英語では fix が repair の意味で幅広く用いられます。

うちは4人家族で、このマンションの5階に住んでいます。

✔「4人家族」は？

「うちは4人家族だ」は「私の家族には4人いる」と考えて *There are* ［*There're*］ four people in my family. となります。日本語の「家族」は①親戚関係にある人々、②同じ家に住む人々、を意味しますが、英語では②を厳密には household と言います。

✔「マンション」は？

　英語の a mansion は、航空写真でないと全貌が写真に収められないような「大邸宅」のこと。日本語では、「アパート」と「マンション」にそれほど厳密な区別がありません。よって、「マンション」は an apartment で十分なのです。注意すべきなのは、「アパート全体」の場合は an apartment *building* ［*block*］と言いますが、「アパートの中の1つの部屋」の場合には an apartment と言うことです。なお、イギリス英語では「アパート」のことを a flat と言うことも覚えておいてください。

✔「〜にあります」は？

「〜」の種類に応じて次の2種類が考えられます。

　①「（特定のものが）〜にある」

　○ My office is on the ninth floor of this building.

There're four people in my family and our apartment is on the fifth floor of this building.

× There is my office on the ninth floor of this building.
「このビルの９階にうちのオフィスがあります」

② 「（不特定のものが）〜にある」

○ There are ten rooms on the ninth floor of this hotel.
「このホテルの９階には10部屋あります」

これを Ten rooms are on the ninth floor of this hotel. とすると、ten rooms が特定のものに感じられて、たとえば「私が予約したうちの10室は９階にある」という意味にとられてしまいます。

本文は「私たちのマンションの部屋はこの建物の５階にある」と考え、our apartment is on the fifth floor of this building とします。前置詞の on に注意してください。

なお we live in an apartment on the fifth floor of this building としても OK です。

東大に挑戦！

問43：次の文の空所に適語を１語入れよ。
It is important for her to be on good (　　) with her neighbors.

【ヒント】 有名な熟語です。determine や terminal の中にも見られる「枠」という意味を持つ語の複数形が入ります。

若者が活字なら何でも鵜呑みにしてしまうという傾向は、今に始まったことではない。

✔「〜という傾向」は？

「〜という…」と聞くとすぐに ... that 〜 という「同格の関係」を用いてしまう人が多いのですが、「名詞と that 節の同格の関係」が成り立つ名詞には制限があります。

たとえば tendency「傾向」は、その動詞形である tend が、後ろに to（V）はとりますが、that 節をとることはありません。よって tendency と that 節が同格の関係になることはないのです。

逆に hope のように、that 節も従えることができる動詞では、その名詞形の hope も that 節をとります。英作文ではよほどのことがない限り「名詞と that 節の同格の関係」は使わない方がミスがなくていいでしょう。

なお、S tend to（V）「S は V の傾向にある」を名詞化すると the tendency for S to（V）となります。

✔「〜は今に始まったことではない」は？

〈〜 is nothing new〉というのが一番使いやすいと思います。nothing special なら「別に特別なわけではない」という意味です。

[例] The concert yesterday was nothing special.

「昨日のコンサートは代わり映えのしないものだった」

なお「過去のこと」は a thing of the past とします。

The tendency for young people to blindly believe all printed text is nothing new.

✔「活字」は？

動詞の print「～を印刷する」を使うのが簡単です。all printed text「すべての印刷された文」あるいは everything that is printed「印刷されたものならすべて」とします。別解として whatever is printed があります。なお text は「（挿し絵などと区別して）本文」の意味の不可算名詞です。

✔「～を鵜呑みにする」は？

blindly believe ～「～をやみくもに信じる」とします。「本当であるとして～を受け入れる」と考え accept ～ as true とすることも可能です。また「話を鵜呑みにする」は swallow a story という表現もあります。

 **東大に挑戦！**

問44：空所に適語を1語ずつ入れよ。
「今の傾向が続くと今後30年足らずのうちに、65歳以上の人が4人に1人を占める」
If this current （ a ） continues, one out of four people will be 65 or older （ b ） less than thirty years.

【ヒント】 tendency は「人」に対して用いるので、ここでは不可。

パリに留学していた頃、ある会社社長に一度高級レストランでごちそうしてもらった経験がある。

✔「〜という経験」は？

「〜という…」に対して同格関係を使うのは危険です。experience という動詞は experience that ＳＶ という形はとりませんから、その名詞形が experience that ＳＶ という形をとることはありません。experience of (V)ing という形なら可能ですが、そもそも「〜という経験」に experience を使う必要はありません。本文でも「ごちそうしてもらった経験がある」＝「ごちそうになった」と考えれば、「経験」の部分は無視してよいわけです。

✔「パリに留学していた頃」は？

「パリで勉強していた頃」ですから *when* [*while*] I was studying in Paris とするか、*when* [*while*] I was staying in Paris to study とします。「留学する」に対応する１語の動詞はありません。日本では遣唐使など昔から留学制度がありましたが、昔のイギリス人は「留学する」必要がなかったからかもしれません。

✔「ある〜」は？

「ある〜」は、特定できるけれども、あえて名前を伏せるときには a certain 〜 とし、「(特定できない) ある〜」は some ＋単数形とします。ここでは前者が適切です。

When I was studying in Paris, the president of a certain company once bought me a meal at a fancy restaurant.

✔「ごちそうしてもらう」は？

「〜を（人）におごる」は〈buy ＋人＋〜〉を用います。もう少し堅い表現では〈treat ＋人＋ to 〜〉というのもあります。本文では 〜に a meal あるいは dinner（無冠詞）を用います。

✔「高級レストランで」の前置詞は？

「レストラン」などの「（比較的狭い）場所」を示す前置詞は at です。in を使う場合は「〜の中で」に置き換えてもよい場合と覚えておいてください。

[例] I bought a nice sweater at the department store.
　　「そのデパートで素敵なセーターを買った」

　この例で、「デパートの中で」とするとおかしいですね。こんな場合には in を使いません。

　なお、「（数ある）高級レストラン（のうちの１つ）」は an expensive restaurant ／ a first-class restaurant ／ a top-class restaurant ／ a three-star restaurant でも OK です。one of the best restaurants としてもかまいませんが、one of とすると次が複数形であることを忘れる人が多いので要注意です。

多くのものを**犠牲**にして、アームストロングはついに宇宙飛行士になるという夢を実現した。

✔ 「〜という夢を実現する」は？

〈realize one's dream of（V）ing〉を用います。one's dream to（V）とはならないことに注意してください。一般に、動詞の名詞形が後に to（V）をとるのは、元の動詞が to（V）をとる場合に限られます。

[例]　refuse to（V）　○　➡　a refusal to（V）　○
　　　decide to（V）　○　➡　a decision to（V）　○
　　　dream to（V）　×　➡　a dream to（V）　×

　同様に、be able to（V）の名詞形である the ／ one's ability to（V）は可ですが、the ／ one's ability of（V）ing は不可です。

「（夢）〜を実現する」は、real の動詞形 realize「〜をリアルなものにする」を用います。realize は、that 節や疑問詞節を後に従えるときに「〜を頭の中で実現する」➡「〜がよくわかる」という意訳が可能ですが、本来は「〜を実現する」の意味です。

　もし「宇宙飛行士になるという夢を実現した」を自信を持って書けないのなら、潔く「宇宙飛行士になった」と書くのも一案。かっこいい表現よりも確実に伝えられる表現を目指してください。

「ついに（できた）」の意味なら、at last、finally を用います。after all は、文頭なら「（補足理由を示して）そもそも」、文末なら「（予想に反して）結局」で、本文では不適切です。

Armstrong finally realized his dream of becoming an astronaut, but only by sacrificing many things.

✔「～を犠牲にして」は？

〈by sacrificing ～〉を用います。〈at the expense of ～〉「～という出費・犠牲を払って」でも可です。本文では「～してはじめて」という気持ちを表現するために only をつけます。

[例] Bob earned a lot of money *by sacrificing* [*at the expense of*] his free time and health.

「ボブは時間と健康を犠牲にして大金を手にした」

　本文の but は文法的にはなくても可ですが、「夢を実現した」と「多くのものを犠牲にした」が逆接の関係にありますから、but を入れた方が意味がはっきりします。but の後に he did so が省略されていると考えてください。

 東大に挑戦！

問45：次の文には、文法または語法上の誤りが2ヵ所ある。それを訂正せよ。

Everyone who saw them work was amazed by their ability of using so many different kinds of machines at once.

【ヒント】 be able to（V）とは言いますが、be able of（V）ing とは言いません。ですからその名詞形も同じ語法になります。

都会の生活でたまったストレスや疲れをとるには、自然
の中でのんびりするのが一番です。

✔ 「〜するのが一番だ」は？ ━━━━━━━━

〈It is best to（Ｖ）〉を用います。「〜する」は、未来の表現です
から to（Ｖ）で表します。なお、この表現では best には the をつ
けません。〈The best way to do is（to）（Ｖ）〉でも可です。

✔ 「自然」は？ ━━━━━━━━

nature という単語は、「動植物、天気などを含めた自然全体」
という意味で「自然環境」という意味ではありません。ですから
「自然環境」の意味で nature を使うことは困難です。

例外的なのは次の表現です。

① *preserve*［*protect*］nature 　　「自然を守る」
② damage nature 　　　　　　　　「自然を壊す」
　　※ destroy 〜 は「〜を跡形もなく破壊する」の意味。
③ be in harmony with nature 　「自然と調和する」
④ enjoy nature 　　　　　　　　　「自然を楽しむ」

以上のことから、本文では、「（山、川などの身の周りの）自然
環境」を表す natural surroundings を用いています。

なお、surroundings は「環境」の意味ではふつう複数形の形で
使います。

本文では、the natural environment も可です。

If city life is giving you stress and fatigue, it is best to relax in natural surroundings in order to relieve this.

✔ 「ストレスや疲れをとる」は？

「ストレスを感じる」は「都会の生活がストレスを与える」と考え、city life gives you stress とします。あるいは、人を主語にして feel stressed または *have* [*suffer from*] stress とします。また「疲れを感じる」は feel tired あるいは *have* [*suffer from*] fatigue とします。

「ストレスをとる」「疲れをとる」は、「〜を解放する」という意味の relieve が最適です。

　本文では stress and fatigue でカタマリと考え this で受けています。

✔ 接続のコツ

　このようにややこしい日本文は直訳せず、基本英文のように単文に分けてからつなぐのが実用的です。

　もし直訳調に英作文をするなら「接続」に注意が必要です。「都会の生活でたまったストレスや疲れ」は、「都会で生活するときのストレスや疲れ」と考えれば× the stress and fatigue when you live in a city となりますが、これでは名詞の後に副詞節がきてしまってうまくつながりません。こんな場合は接着剤としてSVを挿入します。「都会で生活するときに得るストレスや疲れ」と考え the stress and fatigue you *get* [*develop*] when ... とします。

日本では、女性は出産・育児の後は復職や昇進において不利になることが多い。

✔ **文の構成は？**

「女性が〜すること」を主語にしてしまうと、とても難しい文になってしまいます。このようなときは「人物を主語にする」が鉄則です。「女性は〜するのに苦労する」と言い換えます。

✔ **「出産・育児の後」は？**

「出産する」は have children（本文は一般論なので複数形の children を使っていますが、「1人の子供を産む」なら a child で OK です）か give birth を用います。

「育児」は raise one's children か take care of one's children です。「出産し育児をした後」ですから or ではなくて and を用います。

余談ですが「出産・育児のための休暇をとる」という場合の「休暇をとる」は、take（期間）off を使います。期間が限定されていないときには、実情を考えて「数ヵ月」を補っておきましょう。

take maternity leave「育児休暇をとる」という表現もあります。妊婦さんが着る服のことを指すマタニティーウエア（maternity wear［不可算名詞］／ maternity dresses）も暗記してください。

✔ **「復職する」は？**

〈return to one's job〉あるいは〈get back to one's job〉とします。

In Japan, women often have difficulty returning to their jobs or getting promoted after giving birth and raising their children.

✔「昇進する」は？

　get promoted を覚えておいてください。promote は「〜を促進する／出世させる」の意味です。get a promotion と言うことも可能です。なお「昇給する」get a pay raise も覚えてください。

✔「不利になる」は？

　ここでは「復職や昇進が難しい」と考え、〈have difficulty (V)ing〉を用います。これは元々は have difficulty in (V)ing だったのですが、現在では in は省略するのがふつうです。また difficulty は冠詞をつけません。これと似た表現に have trouble (V)ing「〜が困難である」がありますが、これも冠詞はつけません。

「不利」= a disadvantage を用いるためには相当な自信と英語運用能力が必要となります。英作文ではそのような「不安な語」は一切使わない決意で臨んでください。

[例] Being short is a disadvantage to a basketball player.

　　　「背が低いことはバスケットボール選手にとって不利だ」

　本文で使うなら In Japan, women are often at a (social) disadvantage in getting ... となります。

アメリカでは、**自分で運転できる年齢に達するまで、ふ
つう、子供はどこに行くにも親に車で送ってもらう。**

✔「自分で運転できる年齢に達するまで」は？ ━━━━

「年齢に達する」は、reach 〜 を用いても書けますが、一番簡
単でなおかつ自然な文にするには〈〜 enough to (V)〉を用います。
注意すべきなのは、enough は形容詞や副詞の後に置かなければ
ならないということです。enough old to (V) は間違いです。

「まで」は「〜までずっと」と考え until［till］とします。025を
参照してください。

「自分で運転できる」の部分は drive だけでも通じますが、もっ
と具体的に「運転免許をとる」と考えて get a driver's license と
した方がいいでしょう。以上を足して、until they are old enough
to get a driver's license とします。

✔「…を車で送る」は？ ━━━━

〈drive ＋人＋ to 場所〉を用います。もし「歩いて〜まで送る」
なら〈walk to 〜 with 人〉となります。なお、ここでは send は
使えません。send は、〈send ＋〜＋ to 人〉で「〜を（人）に送
る」の意味ですが、「〜」にくるのは送付が可能なものです。

なお、本文では「どこに行くにも」を everywhere という副詞
で表していますので、〈drive ＋人＋ everywhere〉となり to は不
要です。

In the US, it is not unusual for parents to drive their children everywhere until they are old enough to get a driver's license.

✔「してもらう」は？

「子供」を主語にする場合には、「親に送ってくれるように頼む」と考えて ask their parents to drive them to 〜 となりますが、「親」を主語にすれば簡潔に書けます。

　ここで〈have ＋人＋動詞の原形〉は使えません。この表現を目上の人に使うことはないからです。

✔「アメリカ」は America？

　America は大陸の名前です。国名の場合は the U.S.［the US］です。英字新聞などでは、必ず the U.S. となっています。日常生活では、America と言っても間違いにはなりません。

[例] Humans first settled the Americas from Asia between 42,000 and 17,000 years ago.

　　「人類は今から17000〜42000年前、はじめてアジアからアメリカ大陸に定住した」

　本文では、コンマの前なので the US の方を用いています。

✔「ふつう」は？

〈It is not unusual for 〜 to（V）〉「〜が V するのは珍しくない」を覚えましょう。usually でも表現可能です。

**「すみませんが、郵便局までどう行ったらいいですか？」
「2筋目を左です。右にあります」**

✔ **知らない人にものを尋ねるときには？**

「このへんの地図を売っている店はどこにありますか」と、見ず知らずの人に尋ねる場合には、疑問詞で始まる文を使うのは失礼になります。つまり Where can I buy a map of this area? と言うのは避けなければなりません。必ず〈Do you（happen to）know 〜 ?〉あるいは、〈Could you tell me 〜 ?〉というような表現から始めてください。

「〜の道を教えてください」の「教える」には、teach は使えません。teach は、「（理解困難なこと）〜を人に教えこむ」ですから、ほとんどの場合、「（教科）を教える」「〜の仕方を教える」で用いられます。

✔ **「〜筋目」は？**

日本語では「2つ目の信号を左」とか「次の次の通りを右」と言いますね。そういう場合に英語では a block を使います。a block とは4つの通りで囲まれた区画を指します。ですから「1筋」が one block に対応していると思えばいいわけです。

たとえば「3筋目までまっすぐ行きなさい」ならば Walk straight for three blocks. で OK です。なお、この for は省略されることもあります。

"Excuse me. Could you tell me how to get to the post office?"

"Go straight for two blocks, then turn left. You'll find it on your right."

✔「〜への行き方」は？

〈how to get to 〜〉を用いるのがふつうです。get to 〜 は「〜へ到着する」という意味の熟語で、arrive at 〜 より口語的でよく使います。「〜への行き方」は、正確には「〜へのたどり着き方」ですから、how to go to 〜 としないように注意してください。It took ten minutes to get to the city hall.「市役所まで行くには10分かかった」などの get to 〜 も同じです。

✔「左へ曲がる」は？

turn oneself to the left「自分自身を左まで回す」から oneself を省略し、turn to the left となり、さらに to the を省略し turn left とするのが現在の英語です。

✔「右です」は？

右と左は、どこに立っているかで変わってしまいますから、「向かって右」なら on your right あるいは on the right とします。「右の建物」は the building on your right であって、the right building とは言えません。なお、the right 〜 は「適切な〜」の意味になります。

「今度の先生をどう思う？」
「どこか魅力的なところがあるよね」

✔ 「〜のことをどう思う？」は？

〈What do you think of 〜？〉を用います。think は think of ／ about 〜「〜について考える」の形で用いる場合は自動詞です。ただし、that 節を従えるときや、what 節の中では他動詞として用いられます。ですから What do you think of 〜？は think of 〜 の熟語ではありません。What が think の目的語になっているのです。「どのように」という日本語につられて How do you think of 〜？としてしまわないようにしてください。なお How do you think of 〜？というのは「どのような手段で〜について考えますか」というような意味になります。

think の用法は次の①〜⑤を覚えてください。

① think of 〜　　　　「〜のことを考える／〜を思いつく」
② think about 〜　　「〜のことを考える」
③ think that S V　　「S V と思う」
④ what S think　　　「S が考えていること／S が何を考えているか」
⑤ think nothing of 〜「〜を何とも思わない」
　　※③〜⑤の場合の think は他動詞の扱い。

辞書にはこれ以外の用法も数多く載っていますが、日常会話で英語を使うにはこれで十分です。

“What do you think of our new teacher?”
“There is something quite charming about her.”

✔「〜には…なところがある」は？ ▬▬▬▬▬▬▬▬

〈There is something ... about 〜〉を用います。about 〜 は「〜のまわりには」という意味です。また、…には、ふつう形容詞が置かれます。

[例] There is something strange about the way my father is talking today.

　　「今日の父さんの話し方はどこかおかしい」

　もし…に関係代名詞節がくる場合には〈There is something about 〜＋関係代名詞節〉という語順になります。

[例] There is something about David which makes everyone around him happy.

　　「ディビッドには周囲の人を幸せにするところがある」

✔「魅力的な」は？ ▬▬▬▬▬▬▬▬

　charming「(うっとりするほど)魅力的な」を用います。この単語は内面的な魅力で用いられるのがふつうです。attractive は、外面的な、性的魅力も含んだ言い方です。interesting「(知的な意味で)興味深い」としてもいいでしょう。

混雑した電車で、2人分の席を占領して平気な顔をしている人を見ると本当に腹が立つ。

✔「混雑した電車で」は？━━━━━━━━━━━

on a crowded train とします。「電車に乗る」は get on a train、「電車に乗っている」は be on a train です。ただしイギリス英語では in a train です。聞き手に予想できる、話者が通勤通学で使っている「電車」なら the がつきますが、crowded という形容詞がついた場合は a 〜がふつうです。

✔「2人分の席を占領する」は？━━━━━━━━

take up［*occupy*］enough space for two「（席が区切られていない座席で）2人分の空間をとる」とします。この場合の space「余地・空間」は不可算名詞です。なお、「2つの座席を占領する」ならば *take up*［*occupy*］two seats となります。

✔「人」は？━━━━━━━━━━━━━━━━━

「（複数の）人々」なら people、「ある（1人の）人」なら someone を用います。a man は「ある男」の意味になってしまいます。a person も間違いではありませんが、やや堅い表現です。

✔「平気な」は？━━━━━━━━━━━━━━━

特に「何か道徳に反したことをしているのに罪の意識を感じて

People who do not feel guilty about taking up two seats on a crowded train really make me angry.

いない」という意味での「平気だ」は、〈do not feel guilty about 〜〉を使います。「〜」には名詞あるいは動名詞がきます。

[例] Many people do not seem to feel guilty about wasting food.
「食べ物を粗末にしても平気な人が多い」

似た表現に〈think nothing of 〜〉がありますが、これは「まわりの人は困難なことだと思っているが、本人はそう思っていない」という場合に用いられますので、ここでは適しません。

[例] Ben thinks nothing of walking ten miles to the station.
「ベンは10マイルも歩いて駅に行くことを何とも思わない」

✔「〜に本当に腹が立つ」は？

〜 really make me angry ／ 〜 make me really angry か I get really angry when I 〜 とします。

東大に挑戦！

問46：空所に適語を1語入れよ。

Various factors (　　) to the failure of this project. The biggest problem was lack of financial support.

【ヒント】 to を伴う[原因 ➡ 結果]を示す動詞の過去形を入れます。

Dragon English 096

人は誰でも生まれながらにして何らかの才能を持っているが、問題はそれを見つけられるかどうかだ。

✔ 「〜かどうかだ」は？

〈whether S V or not〉を用います。whether は「〜かどうか」という意味の接続詞で、たとえば「あなたが私のことを好きか好きではないか」ならば、whether you love me or you do not love me となります。

ただし、共通部分は省略するのがふつうで、whether you love me or ~~you do~~ not ~~love me~~ とします。また or not を whether の直後において whether or not you love me としてもかまいません。

もし「君が日本人かアメリカ人か」ならば whether you are Japanese or you are American となり、共通部分を省略すると whether you are Japanese or ~~you are~~ American となります。この場合には or not という形は出てきません。

✔ 「問題は〜」は？

〈The question is 〜〉とするのが一般的な言い方です。この the は、「今取り上げている話の中で問題となるのは」という意味です。なお、〈The problem is 〜〉は「厄介な問題は〜」の意味です。

✔ 「何らかの才能」は？

「生まれながらの才能」は、a talent か a gift を用います。「何ら

210

Everyone is born with a talent. The question is whether they are able to find it or not.

かの〜」は厳密には〈some ＋単数形 or other〉と表しますので、some talent or other とすることも可能です。

✔「人は誰でも」は？

　everyone あるいは everybody を用います。これらの単語は基本的には単数扱いですが、代名詞で受けるときには they ／ their ／ them で受けるのが今では通例となっています。

　he or she ／ his or her ／ him or her でも間違いではありません。

✔「生まれながらにして〜を持っている」は？

　単に have「持っている」としても十分に通じると思いますが、「〜を持って生まれてくる」と考え be born with 〜 とします。

東大に挑戦！

問47：次の文には、文法または語法上の誤りが1ヵ所ある。それを訂正せよ。

Since it was an unusually hot day, my dog laid under the tree all afternoon and did not bark at passers-by as he normally did.

【ヒント】「午後の間ずっと木の下で寝ていた」の「寝ていた」は、自動詞のはず。

昼ごはんを食べに会社を出たら、高校時代の友達にばったり出会った。

✔ 「会社を出る」は？

〈be out of the office〉を用います。「会社」は次の2つを区別してください。

① office「（建物・場所としての）会社」

② company「（組織としての）会社」

たとえば「会社に行く」は、建物ですから go to the office と言います。また「会社を辞める」は、組織ですから quit the company と言います。よって「会社を出る」は、建物ですから be out of the office となるわけです。leave the office も可ですが、これは主に「（定時になり）退社する」の意味で使われます。

✔ 「昼ごはんを食べに」は？

〈for lunch〉で十分です。to eat lunch ／ to have lunch としても間違いではありません。また breakfast、lunch、dinner は無冠詞で使うことも大切です。

[例] What did you have for breakfast today?

「今日は朝ごはんに何を食べたの？」

ただし、形容詞がつく場合には、可算名詞の扱いとなるので a good lunch のように冠詞が必要となります。

When I was out of the office for lunch, I ran into an old friend from high school.

✔ 「高校時代の友達」は？

an old friend from high school あるいは an old friend from my high school days とします。くれぐれも my friend としないように気をつけてください。my friend は、my friend Tom 「友達のトム」のような表現以外では、文中に一度出てきた「友達」を指す he や she の代わりに用います。

✔ 「～にばったり出会った」は？

「偶然（人）に出会う」は 〈run into ～／bump into ～〉 を使います。happen to meet ～ や meet ～ by chance でも可です。come across ～ は、主に「偶然（物）に出会う」という場合に用います。

 東大に挑戦!

問48：もっとも自然な英文になるように、ア～エの選択肢に他の英語を1語補い並べ換えよ。

She is intelligent, but she just doesn't have （　　）（　　）
（　　）（　　）（　　）a good journalist.

ア be　　イ takes　　ウ to　　エ what

【ヒント】 take ～「～を必要とする」

この音楽は何度も繰り返して聴く価値がある。君もぜひ聴いてみたらいいよ。

✔ 「〜の価値がある」は？

〈be worth（V）ing〉の形を用います。この熟語で注意すべきことは、（V）ing にくるものは他動詞に限られるということです。そして（V）の目的語が文の主語にきています。

[例] Kyoto is worth visiting.　○

　　　Kyoto is worth going.　　×

　visit は他動詞ですが、go は自動詞なのでここでは使えません。

　また、（V）は自動詞＋前置詞になる場合もあります。

[例] This music is worth listening to.　○

　　　This music is worth listening.　　×

　listen は自動詞ですから to が必要となります。

　また reward 〜「〜に値する」を用いて This music rewards several listens. とすることもできます。この listen は「聴くこと」の意味の名詞です。

[類例] This movie rewards multiple viewings.

　　　「この映画は何度も見る価値がある」

✔ 「ぜひ〜したらいい」は？

〈highly [strongly] recommend 〜〉「〜を大いに勧める」を用います。〈recommend that S ＋動詞の原形〉を用いることも可能で

This music is worth listening to several times. I highly recommend it.

すが、その場合 recommend の後の that 節の中の時制には注意してください。必ず「主語のついた命令文の形」あるいは S should V となります。よって本文をこの形式を用いて表すと、I recommend that you (should) listen to it. となります。ただし、本文では I highly recommend it. で十分です。

✔ 「何度も」は？
〈several times〉を用います。again and again もしくは many times とすることも可能です。

東大に挑戦！

問49：空所に適切な語句を補え。

(a) あのように気性の違う二人が仲良くやってゆくだろうことは、まず考えられない。

We can hardly expect two people of such different temperaments to (　　　).

(b) 近所の人が数人手を貸してくれたので、私たちは思ったよりも早く仕事を終えた。

As some neighbors were kind enough to help us, we got through the job (　　　).

歯は健康にとって大切な役割を果たしています。健康でいたければ、毎食後に歯磨きをしなければなりません。

✔「Sは〜で大切な役割を果たしている」は？

〈S play an important part in 〜〉を用います。これは応用範囲が本当に広い表現ですからぜひ覚えておいてください。なお part の代わりに role を用いることも可能です。

[例] Computers play an important role in modern life.

「コンピュータは現代の生活で重要な役割を担っている」

✔「歯」は？

a tooth が「1本の歯」で、複数形は teeth です。特殊な形の複数形ですから間違えないように注意してください。

teeth 以外に、英作文で使う可能性がある注意すべき複数形は次のものです。

① 「子供」   a child   ➔   children
② 「ネズミ」   a mouse   ➔   mice
③ 「女性」   a woman   ➔   women
④ 「魚」   a fish   ➔   fish
⑤ 「フィート」 a foot   ➔   feet

✔「健康でいたければ」は？

to stay healthy か in order to stay healthy、あるいは if you

Your teeth play an important part in your health. If you want to stay healthy, you must brush your teeth after every meal.

want to stay healthy とします。

✔「〜しなければなりません」は？

強い口調と考え must を使います。「必要ですね」という気持ちで言うなら have to（V）／ need to（V）でも可です。

✔「歯磨きをする」は？

「歯を磨く」ということですから *brush*［*clean*］one's teeth とします。ちなみに「磨く」は英語にするとさまざまになります。

［例］「テニスの腕を磨く」improve one's tennis skills
［例］「靴を磨く」　　　　*shine*［*polish*］one's shoes
［例］「床を磨く」　　　　polish the floor

✔「毎食後」は？

朝・昼・夜の区別のない「1回の食事」は a meal と言います。

breakfast ／ lunch ／ dinner にはふつう冠詞をつけませんが、a meal となることに注意してください。また「毎食後」という気持ちを表すため every meal にしてください。

やる気さえあれば何事においても成功できる、ということ
を心に留めておきなさい。

✔「やる気がある」は？

「激しい情熱」と考え passion を用います。具体的に「〜に対し
て情熱を持っている」とする場合は〈have a passion for 〜〉と
します（この場合、passion は可算名詞です）。また、「意欲」と
考え enthusiasm とすることも可能です。「（〜する）やる気が出
てくる」は feel motivated to（V）となります。

✔「〜を心に留めておく」は？

〈always remember that S V〉を用います。もう少し柔らかい
言い方なら〈do not forget that S V〉とし、さらに柔らかい言い
方なら〈bear ／ keep in mind that S V〉となります。

　なお、that 節の中に if 〜，S V. という構造がくる場合には、
that S V, if 〜ではなく、that if 〜，S V. とするのが標準的で
す。その場合のコンマの打ち方は、① if 〜の右側だけ、② if 〜
の両側、③コンマを打たない、の３種類あります。①〜③で意味
は変わりません。

✔「〜さえあれば」は？

「〜さえあれば（〜しても構わない、〜できる）」という場合は、
as long as 〜 が適切です。if でも×ではありません。

Always remember that as long as you have passion, you can succeed in anything.

078では as long as S V は文末に置かれていますが、これは主語（many Americans）が長いためです。

✔「何事」は？

anything が最適です。any の基本的意味は「ないかもしれないが、もしあればどんなものでも」です。ですからここでは「今は何もやりたいことがないかもしれないが、もしやりたいことがあれば、何でも」の意味合いになります。

[例] You can buy just about anything from vending machines.

　　「自動販売機でだいたい何でも買える」

　この例の anything を everything にすると「全部ボタンを押して買ってしまう」という、ありえない話になってしまいます。

問50：空所に適語を１語補え。

She was so kind that she always went out of her (　　) to help others.

【ヒント】 go out of one's (　　) to (V)で「わざわざ〜する」の意味です。「自分の通る○○からわざわざ出てくる」感じです。

◉あとがきにかえて──
英単語の学習について

効率的な暗記法とは

　辞書に書いてあるのは、ほとんどの場合「単語本来の意味」ではなくて、「日本語に訳した場合に当てることができる訳語」です。このことがわかっていない受験生は相当多いと思います。

　たとえば、know は状態動詞で「～を知っている」という意味しか持ちません。動作動詞ではありませんから「～を知る」という意味は持たないのです。ところが、You will know the fact. という文は、「事実を知っている状態が訪れるだろう」から「その事実を知るだろう」と訳せます。ですから辞書の know の項には「知っている」だけでなく「知る」と記載されているのです。繰り返しますが、たとえ辞書に「知る」と書いてあっても、それは know の持つ意味ではありません。

　意地悪な言い方をすると、「辞書を読んでも単語本来の持つ意味などわからない」ということです。もちろん、これは単語集についても当てはまります。

　単語を記憶する際に必要なものは次の３点です。

1. どのような場面で用いるのか？
2. どのような語源を持つ語か？
3. 単語の本来の意味は何か？

1. どのような場面で用いるのか？

この問いに答えるために、まず次の問題をやってみましょう。

問1：次の形容詞の意味の違いを述べよ。

「甚大な」と「膨大な」

たとえば上の問1に答える場合、何を手がかりにして答えを出すかを考えてみてください。まず間違いなく「それぞれの形容詞の後ろに置くことのできる名詞」を探し始めるはずです。「甚大な」からは、甚大な＋被害／損害／影響といった名詞が思いつくはずです。そこから「甚大な」の後にはマイナスイメージの名詞がくることがわかります。しかし、だからといって、それを一般化して「『甚大な』は、後にマイナスイメージの名詞を従え、その程度が激しいことを表す形容詞だ」と定義するのは危険です。「膨大な」の場合は、後ろにくる名詞は、量／資料／数などです。これも一般化など必要ありません。

結局、形容詞が使えるかどうかは、「後ろにくる名詞をいくつぐらい覚えているか」で決まるわけです。つまり「形容詞の意味の違い」なんて考えずに、「どのような名詞とともに使うか」がポイントとなるのです。

問2：次の形容詞の意味の違いを述べよ。

strict と hard

この問いに対する答えも問1の場合とまったく同じになります。つまり、それぞれの形容詞の後にくる名詞をいくつ答えられ

るかで決まります。

　日本語と英語の「形容詞＋名詞の組み合わせ」が異なる以上、日本語で考えてはいけません。strict や hard を「厳しい」と日本語に置き換えて覚えていても使えるようにはなりません。

　たとえば「厳しい仕事」を英語にする場合、「厳しい」strict、「仕事」work だからといって、単純に足して strict work とすると間違いとなります（正しくは hard work ／ demanding work）。「なぜ間違いですか？」という問いに対しては、「そう言わないからです」としか言えません。

　これと同じように、「他動詞＋名詞」「動詞＋副詞」の組み合わせも知っているもの以外は使えないわけです。

問３：次の動詞の代表的な目的語を挙げよ。

「干す」

　日本語を母国語にする人ならば、まず「洗濯物」「布団」と答えるはずです。中には「魚」と答える人もいるかもしれません。いずれにしても動詞＋名詞の組み合わせで覚えているはずです。ですから「干す」と「乾かす」は似ていますが、「犬をドライヤーで乾かす」と言うことはあっても「犬をドライヤーで干す」とは言わないと知っていますよね。つまり、意味は似ていても使う場面が違うのです。

　たとえば、よく単語集などに stand ＝ tolerate ＝ bear ＝ put up with などと書いてありますが、そのような学習法は少なくとも英作文には「百害あって一利なし」と言えそうです。

問4：次の動詞の代表的な目的語を挙げよ。

understand

　受験生が知っている understand の代表的な目的語は you などの「人」、what you said などの what 節だと思われます。ところが、「和食の味を理解していない」という試験で understand the taste of Japanese food（正しくは appreciate 〜）と書いた受験生がかなりいました。おそらく日本語で考えて「いけそうだ」と思って書いたのでしょう。そのようなことをやっていたのでは英作文は永久に「あてずっぽう」の域から出ません。

　ですから、もしある他動詞を「使いたい」と思うならば、その代表的な目的語を2〜3語セットで覚えておくことです。accept＝「受け入れる」という学習法ではなく、accept your invitation ／ accept your offer というセットの形で暗記してください。

2. どのような語源を持つ語か？ & 3. 単語の本来の意味は何か？

　中学生レベルの単語がきちんと覚えられていない場合は、語源による学習はあまり必要ありません。しかし高校生レベル以上では語源の学習が不可欠になります。また、語源を学習することで単語本来の意味も推測しやすくなります。

　たとえば contribute という単語を考えてみます。

　contribute の本来の意味に「貢献する」なんてありません！

　contribute は、con-「集めて」という接頭辞（これはしばしば強調に使われます）＋ tribute「与える」の意味ですから、簡単に言えば、contribute＝「与える」で十分なのです。ただ、同じ「与える」でも give と違うのは、目的語を省略することがある点と、「使う場面」です。

[例] The increase in the amount of carbon dioxide in the atmosphere has contributed to global warming.

「大気中の二酸化炭素の増加が地球温暖化の原因となった」

この文における contribute to は、contribute「何か」to 〜 の省略形だとわかればよいわけです。単語の訳は文脈で判断して「自分で作る」のです。

たとえば「原稿を出版社に与える」➔「寄稿する・提出する」、「図書館に多くの本を与える」➔「寄贈する」、「物理学の分野に何かを与える」➔「貢献する」といった具合です。

要するに「contribute は、give よりも制限された文脈で用いるのだな」と理解しておけばいいのです。

もしこの単語を英作文で使いたいと考えるなら、contribute to 〜 の「〜」の部分を暗記しておく必要が出てきます。たとえば、本文057にあるように contribute to society「社会に貢献する」などです。

では contribute と似た attribute はどうでしょうか？

じつはこれも attribute =「与える」なのです。一般に a ＋子音＋子音（同じ子音）ではじまる場合、最初の a ＋子音は無視してもかまいません（元は方向を示す接頭辞です）。

類例としては accompany ＝ ac ＋ company「仲間」➔「仲間になる」➔「一緒に行く」、account ＝ ac ＋ count「数える」➔「数に入れる」➔「大切だと思う」「頼りにする」などがあります。

ですから、attribute の at をとって考えると tribute だとわかりますね。

問題はどのような場面で用いるのかということです。

attribute ＋結果＋ to 〜 の形で「ある結果を〜に押しつける」➔「ある結果を〜が原因だと思う」という原因・結果の関係を示す場合に使われます。もちろん、こんな単語は英作文とは無縁で

すから、これ以上の知識を必要としません。

　次に distribute です。

distribute ＝「分ける」＋「与える」となります。

　今度は、dis- という接頭辞がつきました。dis- は「分ける」の意味です。たとえば distance ＝ dis「分ける」＋ stance「立つ」➡「離れたところに立つ」➡「距離」。tribute は「与える」ですから、「分け与える」だとわかります。これまた英作文では使いませんから、ここまでの知識で十分です。

　このようにして暗記した単語は忘れにくく、また単語本来の意味が理解できるため、非常に効率的です。

　コロケーション（連語）を売りにした単語集、文の中で覚えることを売りにした単語集、コンピュータ分析を売りにした単語集など、さまざまな単語集が出回っていますが、「暗記のための単語集かどうか」という視点からは、まだどれも不十分だと言えます。

　語源を扱った辞典や参考書はかなりありますが、優れた本の例として次のものがあります。『シップリー英語語源辞典』『語根中心英単語辞典』（大修館書店）、『英単語を知るための辞典』（英宝社）、『語源でたどる英単語まんだら』（小学館）、『赤単』『青単』『黒単』（三修社）、『語源とイラストで一気に覚える英単語』（成美堂出版）、『永久記憶の英単語』（日本実業出版社）、『英語語義語源辞典』（三省堂）、『語源でわかった！　英単語記憶術』（文春新書）など。

派生語を覚えるべき？

　昔の英語学習法には必ず次のような一節がありました。「1つ
の単語を辞書で引いたら、その前後の派生語を探して一緒に覚え
なさい。そうすれば1回に2倍、3倍もの単語が覚えられます」。
ここにはある程度の真理が含まれています。けれど、ただ派生語
を覚えればよいというものではありません。たとえば次の問いを
見てください。

問5 : **次のうち使用頻度が高いのはどちらか？**

1.「文化的」と「文化」
2.「画期的」と「画期」

　1. はどちらも使いますが「文化」の方が頻度は高いでしょう。
2.は文句なしに「画期的」ですね。「画期」なんて、聞いたこと
がありません。
　このように、派生語といってもその使用頻度を無視しては暗記
の負担が増えるだけで、意味のない作業になってしまう可能性が
あります。
　たとえば substantial number「かなりの数」に見られる
substantial は、substance「物質」の形容詞形ですが、substantial
＝「substance の形容詞形」と覚えたところで役に立たないと思
われます。ですから本当に重要な語は、派生語としてではなく、
1つの単語として暗記することをお勧めします。

基礎的な単語が重要！

　次の問題は東京大学の過去の問題で「差」が出たものです。

問6：空所を埋めるのにもっとも適切な単語を次のうちから選びなさい。

　Slowly, the young guard flips through the pages of my passport, examining the immigration stamps and the rules and regulations listed in the back. He（　　）my picture long and hard, and then passes my passport to his unsmiling colleague, who asks me the same questions I've just been asked.

ア detects　　イ gazes　　ウ studies　　エ watches

　「私」のパスポートに貼りつけてある写真を衛兵が「見る」場面です。間違えた受験生は相当数いたのですが、その大半の者はエ watches を選んでしまいました。

　watch は、watch TV「テレビを見る」でよく使う単語ですが、I watched her mother's face. の意味はわかりますか？　watch は、「ことの成り行きを見守る・見張る」という意味ですから、「私の発言に対して彼女の母はどのような表情をするのだろうと考えながらじっと顔を見た」という意味です。つまり、watch は「変化しつつあるもの」あるいは「変化する可能性のあるもの」を「じっと見つめる」という意味です。ですからこの文脈には合いません。正解は、ウ studies「じっくり時間をかけて何かを調べる」です。なお、アなどの難語を選ぶ人は東大の「波長」と合

っていません。gaze は、そもそも自動詞で at が必要なので論外です。

　ではもう一問やってみましょう。これも合否を分けた問題だと思われます。

問7：空所を埋めるのにもっとも適当な1語は何か。

> I looked at him. He was staring straight ahead. I followed his gaze, but（　　　）I could see was a country road with a hedge running alongside it.

　ぱっと思いつくのは what だと思います。しかし、それでは×です。なぜでしょうか？　but に注目してください。but の前の文では「何が見えるのかな？」という感じです。つまり but の後にくる内容は「何も見えなかった」というマイナスの方向性だとわかります。ところが what では「見えたものは〜」となり、マイナスにならないから×なのです。よって、「見えたすべては〜」➡「〜しか見えなかった」というマイナスイメージを持つ all が正解となります。

　このように東京大学はポイントとなる語彙自体は簡単なのですが、その「基礎的語彙をどれほどしっかり身につけているか」を尋ねているわけです。ある意味で厳しい問題だと言えます。

　英語学習は「英単語に始まり英単語に終わる」というのは真理だと思います。けれど、それは「使えない単語の丸暗記」を意味するものではありません。ここで述べたことを念頭に置いて、「使える単語」を増やしてください。そして、この基本英文100が皆さんの英語学習の一助となれば幸いです。

謝辞

　田平稔先生には構想の段階から執筆、校正に至るまで貴重なご意見を頂戴いたしました。

　最終チェックは、イギリス人の David James 先生にお願い申し上げ、一文一文本当に長時間かけてチェックしていただきました。さらに、駿台予備学校の小泉徹先生、立命館慶祥中学校・高等学校の吉川大二朗先生、灘中学校・高等学校の川原正敏先生、洛南附属中学校・高等学校の岡田委子先生、澤畔義治先生には、貴重ご意見をいただきました。心から感謝いたします。

　また、講談社のモーニング編集部『ドラゴン桜』担当の佐渡島庸平さんとの出会いがなければ、この本は生まれませんでした。最初は軽い気持ちで引き受けたのですが、このような立派な本に仕上がったことをうれしく思っております。また、同社学芸図書出版部の篠木和久さんと下川桂子さんにはたいへんお世話になりました。

　改訂に際しまして真野寛海先生、吉村聡宏先生、Steven Richmond 先生、甲陽学院中学校・高等学校の園部慎司先生には丹念にチェックしていただきまして誠にありがとうございました。また講談社の唐沢暁久さんにも色々と御配慮いただきましてありがとうございました。

2021年9月吉日
竹岡広信

⦿─**解　答**

【東大に挑戦！】
1　［誤］The used vacuum cleaner
　　［正］The vacuum cleaner you have used
2　advised　※ advise（動詞）と advice（名詞）の綴りの違いに注意！
3　［誤］marry with　［正］marry
4　［誤］seemed to be　［正］seems to have been
5　shortage
6　refused
7　bored
8　カ→エ→オ→イ→ア→ウ→キ
9　typical
10　successive
11　エ→ア→イ→ウ→オ
12　1. grammar　3. reserved　4.sense　別　since
13　imaginary
14　hung
15　four-fifths　別　four fifths
16　(d)
17　what had happened
18　エ→カ→オ→キ→ク→ア→ウ→イ
19　［誤］Some of philosophers　［正］Some（of the）philosophers
20　denied
21　［誤］she is possible　［正］it is possible for her
22　［誤］amount　［正］number
23　accused
24　［誤］most of settlers　［正］most of the settlers
25　［誤］were　［正］was
26　［誤］put me　［正］put on me
27　［誤］in view of　［正］view of
28　(a) thirsty　(b) let
29　［誤］appreciate　［正］appreciate it
30　［誤］in our disgust　［正］to our disgust
31　［誤］it rising　［正］it is rising

32　Harry's wife always complains about the coffee Harry makes, but this time she is to blame because she mistakenly used salt instead of sugar. [24語]

33　[誤] are　[正] are in

34　mind

35　(a) lasted　(b) lying　(c) prevalent

36　met

37　if

38　dependent　※ be dependent on ～「～に依存している」

39　エ→ア→イ→ myself →ウ

40　[誤] tolerable　[正] tolerant

41　[誤] live on it　[正] live on

42　[誤] let in him　[正] let him in

　　※他動詞＋副詞の熟語では、他動詞＋副詞＋代名詞の語順は不可。

43　terms

44　(a) trend　(b) in

45　[誤] their ability of using　[正] their ability to use

46　led

47　[誤] laid　[正] lay

48　エ→ it →イ→ウ→ア

49　(a) get along　(b) earlier than we（had）expected

50　way

【基本動詞の確認！　1】
① mistaken　② drove　③ taught　④ raised　※ grow は他動詞は「～を栽培する」／自動詞は grow up「成長する」　⑤ bound ※ be bound for ～で「～行きの」の意味。元は bind「～を縛る」の過去分詞形　⑥ brought ※ come にしないように　⑦ draw ※ write は字を書く　⑧ spent　※（　　）＋時間＋（V）ing から判断する　⑨ runs　⑩ sent

【基本動詞の確認！　2】
① lend　② bite　③ borne あるいは kept　※ bear/keep ～ in mind「～を心に留めておく」　④ cost ※過去形も cost　⑤ flew　⑥ hit ※過去形も hit あるいは crossed　⑦ caught　⑧ aging あるいは ageing　⑨ sweep　⑩ escaped あるいは fled

【基本動詞の確認！　3】
① say　② struck あるいは impressed　③ rent　④ look　⑤ share　⑥ pick　⑦ hid　※ hide の過去形　⑧ shook　※ shake の過去形　⑨ flowed　⑩ mean

●基本英文100リスト

001 ウィスキーのボトルを2本も空けて車を運転するのは危険だ。
It would be dangerous to drive a car after drinking two bottles of whiskey.

002 交通量の多い通りを、信号が青に変わらないうちに横断するのはとても危険です。
It is very dangerous to cross a busy street before the light turns green.

003 早朝、鳥のさえずりを聴きながら散歩するのは本当に気持ちがいい。
It is very pleasant to take a walk early in the morning, listening to birds singing.

004 日本の高校生の中には、大学入試に備えるため塾に通う者もいる。
Some Japanese high school students go to cram schools to prepare for university entrance exams.

005 日本人は、エレベーターや信号を待っているとき、わずか30秒も経たないうちにいらいらし始める。
When waiting for the elevator to come or the traffic light to change, most Japanese people become irritated within only thirty seconds.

006 列車で隣に座ったおばあさんに、どこまで行くのと尋ねられた。
An elderly woman sitting next to me on the train asked me where I was going.

007 公共の交通機関では不便だから、レンタカーを借りてその街をあちこち見てまわるのはどうだろう、とサムは言った。
Sam suggested that we should rent a car to get around the city because the public transportation was inconvenient.

008 結婚するかどうか、子供を産むか産まないかは、各人の自由な判断によるべきだ。
Everyone should be free to decide whether to get married and whether to have children.

009 大地震がいつどこで起こるかは予測不可能だ。
It is impossible to predict where and when a major earthquake will occur.

010 フレッドは万事うまくいくと言い張ったが、私は心配で仕方なかった。
Fred insisted that everything would be all right, but I could not help feeling worried.

011 僕の発言が彼女を傷つけるなんて思いもしなかった。
It never occurred to me that my remark might hurt her feelings.

012 「トム、ごはんですよ」「わかった、ママ。すぐ行くよ」
"Tom, dinner is ready." "OK, Mom. I'm coming."

013 成田空港に着いたら電話します。
I'll give you a call when I get to Narita Airport.

014 ここから東京ディズニーランドまで電車で行くなら、3回の乗り換えが必要になります。

If you take the train from here to Tokyo Disneyland, you have to change trains three times.

015 大学を卒業したら海外で働くことに決めている。
I have decided to work abroad when I graduate from university.

016 このドライヤー、動かないわ。壊れたみたい。
This hair-dryer doesn't work. It seems something is wrong with it.

017 アメリカでのホームステイで一番うれしかったことは、ホストファミリーの両親が私を自分の娘のように扱ってくれたことです。
The best thing about my stay with an American family was that the host parents treated me just like a daughter.

018 10代の頃、父の仕事の関係でカナダに3年間住んだことがある。
When I was in my teens, I lived in Canada for three years because my father was transferred there.

019 スマートフォンの普及とともに、ここ数年、ワイヤレスイヤホンの売り上げが急速に伸びている。
Smartphones are now widely used, so sales of wireless earphones have been rapidly increasing over the last few years.

020 彼が水泳の名人だと自慢するのをたびたび聞いたことがあるが、実際に泳いでいるところを見たことがない。
I have often heard him boast that he is very good at swimming, but I have never actually seen him swim.

021 コンビニでアルバイトを始めてから1週間にしかならないが、もうすっかり仕事に慣れた。
It has been only one week since I began working part-time at a convenience store, but I am already quite used to it.

022 今朝電車に乗ったとき、空いた席が見つからなかった。
When I got on the train this morning, I could not find an empty seat.

023 今はめがねをかけていないので、あの看板に何と書いてあるのかわかりません。
I'm not wearing my glasses now, so I can't make out what the sign says.

024 フランスから戻って10年も経つのに、いまだに知らず知らずのうちにフランス語で考えている。
Even ten years after returning from living in France, I still find myself thinking in French.

025 人間は5〜6歳になる頃には、思ったことを表現できる能力を持つようになる。
By the age of five or six, humans learn to express how they feel.

026 先日教えていただいた新しい道順のおかげで、いつもの半分の時間で車で職場に行くことができました。
Thanks to the new route you told me about the other day, I managed to drive to work in half the normal time.

027 昨年、2週間の休みをとり、家族でヨーロッパ旅行に行きました。
Last year, I took two weeks off, and went on a trip to Europe with my family.

028 ボブはひげを生やしていたので、このまえ同窓会で会ったときに彼だとわからなかった。
Bob had grown a beard, so when I saw him at a class reunion, I did not recognize him.

029 20年ぶりに訪れた故郷はすっかり変わってしまい、昔の面影をとどめていなかった。
When I visited my hometown for the first time in twenty years, I found that it was no longer what it used to be.

030 昨晩は数学の予習に追われて4時まで起きていたので、とても眠い。
I stayed up until four last night preparing for my math lesson, so I feel very sleepy.

031 図書館から昨日借りてきた小説をもう読み終えたので、今はすることがない。
I've already finished reading the novel I borrowed from the library yesterday, so now I have nothing to do.

032 この薬を飲んで寝ていれば、たぶん2～3日で良くなっていたのに。
If you had taken this medicine and stayed in bed, you would probably have gotten well in two or three days.

033 先生は、今出ると、下山途中で雷雨に見舞われる危険があるので、しばらくここで待った方がいいと言っています。
The teacher says that we should wait here for a while because if we left now, we might get caught in a thunderstorm on the way down.

034 不老不死は人間の夢である。しかし、もしこれが実現したら地球は人であふれてしまう。
People wish they could live forever and never get older. However, if this came true, there would be too many people on the Earth.

035 アンはうれしそうな顔をしているね。何かいいことがあったに違いない。
Ann looks happy. Something good must've happened to her.

036 ヨーロッパの古都に行ったことがある人ならば、その美しさに感動したに違いない。
If you have been to a historic European city, you must have been deeply impressed by how beautiful it was.

037 もし石油や石炭などの化石燃料がなかったら、20世紀の歴史はまったく異なったものになっていたに違いない。
Without fossil fuels such as oil and coal, the history of the 20th century would have been completely different.

038 あの新入社員は馴れ馴れしい。私に対してまるで友達のような口のきき方だ。
That new employee is too friendly. He talks to me as if I were his friend.

039 子供の頃、もう少し家が広ければと思ったものでした。
When I was a child, I often used to wish my house were a little larger.

040 洪水や地震などの被災者を手助けするボランティアとして活動したい。

I would like to work as a volunteer helping victims of natural disasters, such as floods or earthquakes.

041 ジムは素晴らしいドラムを持っていますが、誰にも使わせません。
Jim has a nice set of drums, so he never lets anyone play them.

042 最初、ディビッドは冗談を言っているだけだと思ったが、後で本気だとわかった。
At first I thought David was only joking, but later I realized he was serious.

043 先週の日曜日、生まれて初めてイタリア料理に挑戦してみましたが、とってもおいしいものができました。
Last Sunday, I tried cooking some Italian food for the first time, and it was delicious.

044 夏は暑くて何をする気にもなれないから嫌いだと言う人がいます。しかし、夏は海で泳ぐには最適なので、私はその夏の暑さが好きです。
Some people say that they do not like summer because it is so hot that they do not feel like doing anything. However, I like the heat of summer because it is perfect for swimming in the sea.

045 ジェームズが8年前日本に来たのは、お寺めぐりがしたかっただけでなく、日本人の彼女がいたからだ。
James came to Japan eight years ago not only because he wanted to visit temples, but also because he had a Japanese girlfriend.

046 私はヒトクローンに反対します。なぜなら悪い人のクローンが作られることになるかもしれないからです。
I am against human cloning. That is because it could result in evil people being cloned.

047 このグラフを見ると、日本における出生率は1985年以降減少している。理由の1つは子育てにお金がかかるからだ。
This graph shows that in Japan the birthrate has been decreasing since 1985. This decrease is partly because it costs a lot of money to raise children.

048 私はジルに遅刻したことを謝ったが、許してくれなかった。
Even though I apologized to Jill for being late, she did not forgive me.

049 3日前、スマホを落として画面が粉々に割れてしまった。保険に入ってなかったことを後悔した。
Three days ago, I dropped my smartphone and its screen smashed into thousands of pieces. I regretted not buying insurance for it.

050 毎日、家事がとても忙しく、映画を観に行く暇がない。
I'm so busy with the housework every day that I have no time to see a movie.

051 この木の机は重いので私1人では2階まで運べない。
This wooden desk is too heavy for me to carry upstairs by myself.

052 ヨーロッパ旅行中、どこの国に行っても多くの日本人旅行者に出会うのでうんざりしました。

While traveling in Europe, I got sick and tired of seeing so many Japanese tourists wherever I went.

053 私がプレゼントしたイヤリングをして母が会社に行くのを見て、とてもうれしかった。
I was very happy when I saw my mother leaving for work wearing the earrings I had bought her.

054 学校は勉強だけを教えているところだと思うのは、学校の役割を理解していない証拠です。
If you think that schools are nothing more than places to study, then this shows that you do not understand what they are for.

055 コロナ禍では、ほとんどの人々は、大部分の時間を家の中で仕事をしたり勉強をしたりして過ごした。
During the COVID-19 pandemic, most people spent most of their time working or studying indoors.

056 日本人は、和を乱さないように自分の気持ちはできるだけ間接的に表現するのがふつうだ。
Japanese people usually express their feelings as indirectly as possible to avoid disturbing the harmony of their group.

057 大学が真に一流かどうかは、教員と学生の能力だけでなく、社会への貢献度で決まる。
Whether or not a university is truly first-rate depends not only on how intelligent its faculty and students are. It also depends on how much it contributes to society.

058 大気中の CO₂ の増加は、地球温暖化と密接な関連がある。
The increase in the amount of CO_2 in the atmosphere is closely related to global warming.

059 現代文明が進めば進むほど、夜型の生活を強いられて睡眠不足になる。
The more modern civilization advances, the later we are forced to stay up at night, and the less sleep we get.

060 医師と教師が似ているところは、どちらも物ではなく人を扱うところである。
Doctors and teachers are alike in that both of them deal not with things but with people.

061 音楽の演奏はユーチューブで見るより生で見た方がはるかにいい。
Musical performances are far more exciting live than they are on YouTube.

062 このバイクは、イギリスでは日本のおよそ 2 倍の値段です。
This motorcycle is about twice as expensive in the U.K. as it is in Japan.

063 本を読む量が減ったからといって、今の若者の知的欲求が少なくなったということにはならない。
Just because young people today read less than they used to, this does not mean that they are less eager to learn.

064 率直に言って、私が昨日受けた入学試験は思っていたよりもはるかに難しかった。

Frankly speaking, the entrance exams I took yesterday were far more difficult than I'd expected.

065 健康アプリをスマホに入れている人は多いが、十分に活用する方法を知っている人は極めて少ない。
Many people have health apps on their phone, but very few of them know how to get the most out of them.

066 日本に来る外国人の中には映画のチケットが高すぎると不平を言う人が多い。
Many visitors to Japan complain that movie tickets are too expensive.

067 世界には多くの食糧が浪費されている国もあれば、何万人もの子供が餓死している国もある。
In some countries a great deal of food is wasted, while in others tens of thousands of children are starving.

068 寝る前に必ずエアコンを消しなさい。さもないと体調を崩すかもしれないよ。
Don't forget to turn off the air conditioner before you go to bed, or you might come down with something.

069 笑顔は人間関係の潤滑油だ。
Smiling helps us build good relationships with those around us.

070 SNS では、世界中の人々と年齢や性別や国籍の違いを超えて意見の交換ができる。
On social media, we can share thoughts and ideas with people all over the world, regardless of age, gender, or nationality.

071 いくら運動しても、カロリー計算をしていないと減量は無理だよ。
No matter how much exercise you get, you won't lose weight unless you count your calories.

072 意味を知っているつもりの単語でも、辞書で調べてみると新たな発見があるものだ。
Although you might think that you know a word, there is something new to learn if you look it up in the dictionary.

073 日本人観光客の中には、非常識にも多額の現金をズボンの後ろのポケットに入れて持ち歩く者がいる。
Some Japanese tourists lack common sense and carry large amounts of cash in their back pockets.

074 健康を維持する秘訣は、バランスのとれた食事をし定期的に運動することです。
In order to stay healthy, you should have a balanced diet and get regular exercise.

075 発展途上国でしばらく暮らしてみることは、日本を違った角度から見直すよい機会になる。
If you live in a developing country for a while, you gain an opportunity to look at Japan from a different point of view.

076 外国に行って初めて、日本の大都市のネオンの多さに気づく。
It is not until you go abroad that you realize just how many neon lights there are

in big Japanese cities.

077 英語を話せさえすれば国際人になれると勘違いしている日本人が多いのは残念だ。
It is a pity that many Japanese people mistakenly believe that in order to become global citizens, all they need to do is speak English.

078 意味が通じる限り、相手の英語の発音のよしあしを気にしないアメリカ人が多いのは驚きです。
It is surprising that many Americans do not care how you pronounce English as long as they can understand what you are trying to say.

079 環境を守るためにできることといったら、ゴミを減らして、できるだけ環境に優しい製品を使うことぐらいだ。
The best things we can do to protect the environment are to reduce waste and to use eco-friendly products.

080 日本の若者の10人のうち7人は、まったく無宗教だと言われる。
It is said that seven out of ten young Japanese people do not believe in any religion.

081 あいさつの仕方は国によりさまざまだが、日本では、握手よりお辞儀の方がふつうだ。
Social greetings vary from country to country. In Japan, bowing is more common than shaking hands.

082 金沢は、美しい景色と海産物で有名な能登半島の南にあります。
Kanazawa is located south of the Noto Peninsula, which is famous for its beautiful scenery and delicious seafood.

083 年配の女性の中には、1人で何もすることができず妻にしがみついて離れない夫を軽蔑する人も少なくない。
Quite a few elderly women look down on their husbands, who cannot do anything by themselves and are overdependent on their wives.

084 その映画館までは徒歩でおよそ20分ですが、地下鉄なら5分で行くことができます。
The movie theater is about a twenty-minute walk from here, but it takes only five minutes to get there by subway.

085 この自転車を修理してもらうのに1万円かかりました。
It cost me ten thousand yen to have this bike repaired.

086 うちは4人家族で、このマンションの5階に住んでいます。
There're four people in my family and our apartment is on the fifth floor of this building.

087 若者が活字なら何でも鵜呑みにしてしまうという傾向は、今に始まったことではない。
The tendency for young people to blindly believe all printed text is nothing new.

088 パリに留学していた頃、ある会社社長に一度高級レストランでごちそうしてもらった経験がある。
When I was studying in Paris, the president of a certain company once bought me a meal at a fancy restaurant.

089 多くのものを犠牲にして、アームストロングはついに宇宙飛行士になるという夢を実現した。
Armstrong finally realized his dream of becoming an astronaut, but only by sacrificing many things.

090 都会の生活でたまったストレスや疲れをとるには、自然の中でのんびりするのが一番です。
If city life is giving you stress and fatigue, it is best to relax in natural surroundings in order to relieve this.

091 日本では、女性は出産・育児の後は復職や昇進において不利になることが多い。
In Japan, women often have difficulty returning to their jobs or getting promoted after giving birth and raising their children.

092 アメリカでは、自分で運転できる年齢に達するまで、ふつう、子供はどこに行くにも親に車で送ってもらう。
In the US, it is not unusual for parents to drive their children everywhere until they are old enough to get a driver's license.

093 「すみませんが、郵便局までどう行ったらいいですか?」「2筋目を左です。右にあります」
"Excuse me. Could you tell me how to get to the post office?"
"Go straight for two blocks, then turn left. You'll find it on your right."

094 「今度の先生をどう思う?」「どこか魅力的なところがあるよね」
"What do you think of our new teacher?" "There is something quite charming about her."

095 混雑した電車で、2人分の席を占領して平気な顔をしている人を見ると本当に腹が立つ。
People who do not feel guilty about taking up two seats on a crowded train really make me angry.

096 人は誰でも生まれながらにして何らかの才能を持っているが、問題はそれを見つけられるかどうかだ。
Everyone is born with a talent. The question is whether they are able to find it or not.

097 昼ごはんを食べに会社を出たら、高校時代の友達にばったり出会った。
When I was out of the office for lunch, I ran into an old friend from high school.

098 この音楽は何度も繰り返して聴く価値がある。君もぜひ聴いてみたらいいよ。
This music is worth listening to several times. I highly recommend it.

099 歯は健康にとって大切な役割を果たしています。健康でいたければ、毎食後に歯磨きをしなければなりません。
Your teeth play an important part in your health. If you want to stay healthy, you must brush your teeth after every meal.

100 やる気さえあれば何事においても成功できる、ということを心に留めておきなさい。
Always remember that as long as you have passion, you can succeed in anything.

竹岡広信（たけおか　ひろのぶ）
1961年生まれ。洛南高校、京都大学工学部、同文学部卒業。「生徒に英語を好きになってほしい」という思いから英語教師に。駿台予備学校、学研プライムゼミで講師を務め「英作文の鬼」との異名を持つ。竹岡塾主宰。「日本の英語教育をよくしたい」という思いが反映された講義はいつも満員で、東大合格者へのアンケートで、「あの先生のおかげで英語が克服できた」ともっとも信頼されるカリスマ英語講師。

改訂新版　ドラゴン・イングリッシュ基本英文100

2021年11月25日　第1刷発行
2024年3月8日　第4刷発行

著　者　竹岡広信
発行者　森田浩章
発行所　株式会社講談社
　　　　東京都文京区音羽二丁目12-21
　　　　郵便番号112-8001
　　　　電　話　編集　03-5395-3522
　　　　　　　　販売　03-5395-4415
　　　　　　　　業務　03-5395-3615
印刷所　株式会社KPSプロダクツ
製本所　株式会社国宝社
本文データ制作　講談社デジタル製作

KODANSHA

© Hironobu Takeoka 2021, Printed in Japan
N.D.C.830 239p 19cm
ISBN978-4-06-524694-8